LICHTSCHLAG NR. 64

Titel der Originalausgabe:
The Romantic Manifesto
A Philosophy of Literature

LICHTSCHLAG NR. 64

Umschlag: Lichtschlag Medien Meerbusch
Printed in Germany.

ISBN: 978-3-948971-14-4

Ayn Rand

Das romantische Manifest

Kunst. Literatur. Ästhetik.

Aus dem Amerikanischen von Philipp Dammer

Inhalt

Einleitung

Die Definition von „Manifest" lautet: „Eine öffentliche Erklärung der Absichten, Meinungen, Ziele oder Motive einer Regierung, eines Herrschers oder einer Organisation." (*The Random House Dictionary of the English Language*, College Edition, 1968.)

Ich muss daher betonen, dass dieses Manifest nicht im Namen einer Organisation oder einer Bewegung herausgegeben wird. Ich spreche nur für mich selbst. Es gibt heute keine romantische Bewegung. Wenn es in der Kunst der Zukunft eine geben sollte, wird dieses Buch dabei geholfen haben, sie zu erschaffen.

Nach meiner Philosophie darf man niemals „Absichten, Meinungen, Ziele oder Motive" erklären, ohne auch seine Gründe dafür anzugeben, d.h. ohne ihre Grundlage in der Realität zu identifizieren. Daher findet sich das eigentliche Manifest – die Erklärung meiner persönlichen Ziele oder Motive – am Ende des Buches, nach der Darlegung meiner theoretischen Gründe, die mir ein Recht auf diese speziellen Ziele und Motive geben. Die Erklärung findet sich in Kapitel 11, „Mein Ziel als Schriftstellerin" und teils in Kapitel 10, „Einleitung zu *Dreiundneunzig*".

Wenn Sie das Gefühl haben, dass Kunst nicht in den Zuständigkeitsbereich der Vernunft fällt, sind Sie gut damit beraten, dieses Buch nicht zu lesen: Es ist nichts für Sie. Wer aber weiß, dass *nichts* außerhalb des Zuständigkeitsbereichs der Vernunft liegt, wird in diesem Buch die Grundlage für eine rationale Ästhetik finden. Eben die Abwesenheit einer solchen Grundlage hat die aktuelle obszöne und groteske Erniedrigung der Kunst möglich gemacht.

Ich zitiere aus Kapitel 6: „Die Zerstörung der Romantik in der Ästhetik wurde – genau wie die Zerstörung von Individualismus in der Ethik oder von Kapitalismus in der Politik – durch philosophische Unterlassung möglich gemacht ... In allen drei Fällen wurde das Wesen der jeweiligen fundamentalen Werte nie explizit definiert, alle Fragen wurden nur unter unwesentlichen Gesichtspunkten behandelt, und die Werte wurden von Menschen zerstört, die nicht wussten, was sie verloren und warum."

In Bezug auf Romantik habe ich oft gedacht, dass ich eine Brücke von der unidentifizierten Vergangenheit in die Zukunft bin. Als Kind konnte ich einen Blick auf die Welt vor dem Ersten Weltkrieg, auf den letzten Nachglanz der strahlendsten kulturellen Atmosphäre der menschlichen Geschichte erhaschen (was keine Errungenschaften der russischen, sondern der westlichen Kultur war). Ein so kraftvolles Feuer stirbt nicht über Nacht: Selbst während meines Studiums unter dem Sowjetregime standen Stücke wie Hugos *Ruy Blas* und Schillers *Don Carlos* nicht als historische Neubelebung, sondern als Teil der zeitgenössischen ästhetischen Szene auf dem Spielplan. Auf dieser Stufe befanden sich das intellektuelle Interesse und die Maßstäbe des Publikums. Wenn man diese Art von Kunst – und mehr: die Möglichkeit einer solchen Kultur – gesehen hat, ist es unmöglich, sich mit weniger zufriedenzugeben.

Ich muss betonen, dass ich nicht von Gegenständlichem spreche, nicht von Politik oder journalistischen Trivialitäten, sondern vom „Lebensgefühl" dieser Zeit. Deren Kunst projizierte ein überwältigendes Gefühl intellektueller Freiheit, von Tiefe, d.h. von Beschäftigung mit fundamentalen Problemen, von anspruchsvollen Maßstäben, von unerschöpflicher Originalität, von grenzenlosen Möglichkeiten und vor allem von tiefem Respekt gegenüber dem Menschen. Die existentielle Atmosphäre (die dann durch die europäischen philosophischen Trends und politischen Systeme zerstört wurde), zeugte von einem so großen Wohlwollen, dass sie für heutige Menschen unglaublich erscheint – ein fröhliches, selbstbewusstes Wohlwollen von Mensch zu Mensch und vom Menschen zum Dasein.

Viele Kommentatoren haben bereits gesagt und geschrieben, dass die Atmosphäre der westlichen Welt vor dem 1. Weltkrieg jedem, der nicht in dieser Periode gelebt hat, unvermittelbar ist. Ich habe mich früher gefragt, wie man so etwas sagen, wissen und es doch aufgeben konnte – bis ich mir die Menschen meiner und nachfolgender Generationen genauer ansah. Sie *hatten* es aufgegeben, und gleichzeitig auch alles, was das Leben lebenswert macht: Überzeugung, Zielstrebigkeit, Werte und die Zukunft. Sie waren erschöpfte, verbitterte Riesen, die über die Hoffnungslosigkeit des Lebens klagten.

Welchen geistigen Verrat sie auch begangen haben mögen, sie konnten die kulturelle Gosse der Gegenwart nicht hinnehmen und nicht vergessen, dass sie einst eine bessere, edlere Alternative gesehen hatten. Unfähig oder unwillig zu begreifen, was diese Kultur zerstört hatte, verfluchten sie die Welt oder riefen dazu auf, zu sinnlosen Dogmen wie der Religion und der Tradition zurückzukehren, oder hielten den Mund. Unfähig, ihre Vision auszulöschen oder dafür zu kämpfen, nahmen sie den „leichten" Ausweg: Sie verzichteten darauf, irgendetwas wertzuschätzen. „Zu kämpfen" bedeutet in diesem Kontext: zu denken. Heute wundere ich mich darüber, wie hartnäckig Menschen an ihren Lastern festhalten und wie leicht sie das aufgeben, was sie für gut halten.

Verzicht ist keine meiner Prämissen. Wenn ich sehe, dass das Gute möglich ist und doch verschwindet, halte ich Erklärungen wie „So ist die Welt nun mal" nicht für ausreichend. Ich stelle Fragen wie „Warum? Woher kommt das? Was oder wer bestimmt, wie die Welt ist?" (Die Antwort lautet: die Philosophie.)

Der Fortschritt der Menschheit verläuft nicht in einer geraden automatischen Linie; er ist ein langsamer Kampf mit langen Umwegen oder Rückfällen in die träge Nacht des Irrationalen. Die Menschheit schreitet dank jener menschlichen Brücken vorwärts, die über Jahre oder Jahrhunderte die menschlichen Leistungen begreifen und übermitteln können und sie weitertragen.

Thomas von Aquin ist dafür ein illustres Beispiel: Er war die Brücke zwischen Aristoteles und der Renaissance und überspannte den grauenhaften Irrweg des Mittelalters.

Nur hinsichtlich des Musters und ohne jeglichen anmaßenden Vergleich mit seiner Größe möchte ich sagen, dass ich so eine Brücke bin – zwischen den ästhetischen Leistungen des 19. Jahrhunderts und den Köpfen, die sie entdecken wollen, wo und wann immer es solche Köpfe geben mag.

Junge Menschen können heute unmöglich begreifen, dass ein höheres menschliches Potential Wirklichkeit sein könnte und welch große Leistungen es in einer rationalen (oder halbrationalen) Kultur gegeben hat. Aber ich habe sie gesehen. Ich weiß, dass sie real war, dass sie existiert hat, dass sie möglich ist.

Genau dieses Wissen möchte ich in Sichtweite der Menschen bringen, bevor sich nach einer kurzen Spanne von nicht einmal hundert Jahren der barbarische Vorhang vollständig senkt (wenn das passieren sollte) und die letzte Erinnerung an die Größe des Menschen in der Dunkelheit verschwindet.

Ich habe es mir zur Aufgabe gemacht, herauszufinden, wodurch die Romantik, die größte Leistung in der Kunstgeschichte, möglich wurde und wodurch sie zerstört wurde. Ich habe gelernt – wie in anderen, ähnlichen Fällen, an denen Philosophie beteiligt ist –, dass die Romantik von ihren eigenen Vorkämpfern besiegt wurde und dass sie nicht einmal in ihrer eigenen Zeit ordentlich anerkannt oder identifiziert worden war. Und ebendiese Identität möchte ich in die Zukunft übertragen.

Und in der Gegenwart bin ich nicht bereit, diesen hohläugigen, hirnlosen Kreaturen, die in stinkenden Kellern uralte Dschungelrituale gegen ihre Ängste ausüben, und den Hexenmeistern, die das „Kunst" nennen, die Welt zu überlassen.

Unsere Zeit hat keine Kunst und keine Zukunft. Die Zukunft ist nur für jene eine offene Tür, die ihr Begriffsvermögen nicht aufgeben; nicht für Mystiker, Hippies, Drogenabhängige, Schamanen und jene, die sich selbst auf die nicht einmal tierische, *sinnliche* Bewusstseinsstufe herabsetzen.

Werden wir in unserer Zeit eine ästhetische Renaissance sehen? Ich weiß es nicht. Aber ich weiß Folgendes: Wer für die Zukunft kämpft, lebt bereits heute in ihr.

***

Alle Aufsätze in diesem Buch sind (mit einer Ausnahme) ursprünglich in meiner Zeitschrift *The Objectivist* erschienen. Das Datum am Ende der Essays benennt die jeweilige Ausgabe. Die Ausnahme ist „Einleitung zu *Dreiundneunzig*", eine gekürzte Version der Einleitung, die ich für eine Neuauflage von Victor Hugos *Dreiundneunzig* geschrieben habe.

The Objectivist ist eine Zeitschrift, die sich mit der Anwendung meiner Philosophie auf die Probleme und Fragen unserer heutigen Kultur befasst. Weitere Informationen darüber erhalten Sie unter OBJECTIVISM, PO Box 51808, Irvine, California 92619.

Ayn Rand
New York City
Juni 1969

1. Die Psycho-Epistemologie der Kunst

Die Stellung der Kunst in der Gesamtheit des menschlichen Wissens ist vielleicht das deutlichste Symptom für den Fortschritt in den Naturwissenschaften und dessen Stagnation (oder sogar Rückentwicklung) in den Humanwissenschaften.

Die Naturwissenschaften werden immer noch von einigen Überbleibseln einer rationalen Erkenntnistheorie beherrscht (die dabei sind, zerstört zu werden), aber die Humanwissenschaften sind nahezu vollständig der primitiven Erkenntnistheorie des Mystizismus überlassen worden. Während die Physik nun subatomare Partikel und den interplanetaren Raum studieren kann, ist ein Phänomen wie Kunst immer noch ein dunkles Mysterium, über dessen Wesen, dessen Funktion im menschlichen Leben oder die Ursache ihrer erstaunlichen psychologischen Macht man nichts oder nur wenig weiß. Und doch ist Kunst von überragender Wichtigkeit und beschäftigt die meisten Menschen zutiefst auf persönlicher Ebene, denn es hat sie in jeder bekannten Zivilisation gegeben und sie hat den Menschen von seinen ersten Schritten aus der prähistorischen Dämmerung begleitet, weit länger als geschriebene Sprache.

Während man sich in anderen Wissenszweigen nicht mehr auf mystische Orakel verlässt, deren Qualifikation aus Unverständlichkeit besteht, wird dies auf dem Gebiet der Ästhetik nach wie vor praktiziert und ist heute noch offensichtlicher denn je. So wie Wilde die Phänomene der Natur für das exklusive Herrschaftsgebiet unerkennbarer Dämonen und einen unreduzierbaren Grundsatz hielten, den man weder hinterfragen noch analysieren könne, so halten die erkenntnistheoretischen Wilden von heute Kunst ebenso für einen unreduzierbaren Grundsatz, den man weder hinterfragen noch analysieren dürfe, und für das exklusive Herrschaftsgebiet anderer unerkennbarer Dämonen: ihrer Gefühle. Der einzige Unterschied besteht darin, dass der Irrtum der urzeitlichen Wilden unschuldig war.

Eines der scheußlichsten Denkmäler des Altruismus ist eine kulturell induzierte *Selbstlosigkeit*: die Bereitschaft der Menschen, sich selbst für unerkennbar zu halten, die persönlichen (*nicht-gesellschaftlichen*) Bedürfnisse ihrer Seelen zu ignorieren, zu verdrängen und zu unterdrücken, am wenigsten über die Dinge zu wissen, die am wichtigsten sind und somit ihre tiefsten Werte dem ohnmächtigen Untergrund der *Subjektivität* und ihr Leben der öden Wüste chronischer Schuldgefühle zu überlassen.

Die kognitive Vernachlässigung der Kunst dauert genau deswegen an, weil die Funktion der Kunst nicht-gesellschaftlich ist. (Dies ist ein weiteres Beispiel für die Unmenschlichkeit des Altruismus, für seine brutale Gleichgültigkeit gegenüber den tiefsten Bedürfnissen des Menschen – eines wirklichen, individuellen Menschen. Dies ist ein Beispiel für die Unmenschlichkeit *jeder* Moraltheorie, die moralische Werte als rein gesellschaftliche Angelegenheit betrachtet.) Kunst gehört zu einem nicht-vergesellschaftungsfähigen Aspekt der Realität, der universell ist (d.h. für alle Menschen gilt), aber nicht-kollektiv ist: zum Wesen des menschlichen Bewusstseins.

Eines der unterscheidenden Merkmale eines Kunstwerks (einschließlich Literatur) besteht darin, dass es keinem praktischen, materiellen Ziel dient, sondern ein Selbstzweck ist; es erfüllt keinen anderen Zweck als Kontemplation – und das Vergnügen dieser Kontemplation ist so intensiv, so zutiefst persönlich, dass man es als selbstgenügsames, selbstrechtfertigendes Primat erfährt und man sich oft jeder Forderung nach Analyse widersetzt: Diese Forderung ist ein Angriff auf die eigene Identität, auf das tiefste, wesentliche Selbst eines Menschen.

Kein menschliches Gefühl kann grundlos sein, und ein solch intensives Gefühl kann nicht ohne Ursache, unreduzierbar und ohne Beziehung zur Quelle der Gefühle (und Werte) und zu den Bedürfnissen des Überlebens einer lebenden Entität sein. Kunst *hat* einen Zweck und *erfüllt* ein menschliches Bedürfnis; nur ist es kein materielles Bedürfnis, sondern ein Bedürfnis seines Bewusstseins. Kunst ist unentwirrbar mit dem menschlichen Überleben verstrickt – nicht mit seinem physischen Überleben, sondern mit dem, wovon sein physisches Überleben abhängt: mit der Bewahrung und dem Überleben seines Bewusstseins.

Der Ursprung der Kunst liegt in der Tatsache, dass das Erkenntnisvermögen des Menschen *begrifflich* ist, d.h. dass der Mensch sein Wissen und seine Handlungen nicht durch einzelne, isolierte Wahrnehmungen erwirbt und leitet, sondern durch *Abstraktionen.*

Um das Wesen und die Funktion von Kunst zu verstehen, muss man das Wesen und die Funktion von Begriffen verstehen.

Ein *Begriff* ist eine mentale Integration von zwei oder mehr Einheiten, die durch einen Prozess der Abstraktion isoliert und durch eine spezifische Definition vereint werden. Indem der Mensch sein Sinnesmaterial in Begriffe und diese Begriffe in umfassendere und noch umfassendere Begriffe organisiert, kann er eine unbegrenzte Menge von Wissen begreifen, abspeichern, identifizieren und integrieren – ein Wissen, das sich über die unmittelbaren *Einzeldinge* eines einzelnen Momentes erstreckt.

In jedem Moment versetzen Begriffe den Menschen in die Lage, mehr Dinge im Kopf zu behalten, als es ihm sein Wahrnehmungsvermögen erlauben würde. Der Umfang des sinnlichen Bewusstseins – die Anzahl der Wahrnehmungen, die man gleichzeitig verarbeiten kann – ist begrenzt. Der Mensch mag vier oder fünf Einheiten visualisieren können, z.B. fünf Bäume. Er kann nicht hundert Bäume oder eine Entfernung von zehn Lichtjahren visualisieren. Nur sein Begriffsvermögen macht es ihm möglich, mit solchem Wissen umzugehen.

Der Mensch speichert seine Begriffe mittels Sprache. Mit der Ausnahme von Eigennamen ist jedes Wort, das wir benutzen, ein Begriff, der für eine unbegrenzte Anzahl von Gegenständen einer bestimmten Art steht. Ein Begriff ist wie eine mathematische Serie *spezifisch definierter Einheiten*, die in beide Richtungen gehen, nach beiden Enden offen sind und alle Einheiten dieser spezifischen Art einschließen. Der Begriff „Mensch“ enthält z.B. alle Menschen, die gegenwärtig leben, die je gelebt haben und je leben werden – eine so große Anzahl, dass man sie nicht visuell wahrnehmen, geschweige denn studieren oder irgendetwas über sie herausfinden könnte.

Sprache ist ein Kode von visuell-auditiven Symbolen, der der psycho-epistemologischen Funktion dient, Abstraktionen in Gegenständliches zu verwandeln – genauer gesagt in das psycho-epistemologische Äquivalent von Gegenständlichem, in eine verwaltbare Anzahl von spezifischen Einheiten.

(Psycho-Epistemologie ist das Studium der kognitiven Prozesse vom Aspekt der Interaktion zwischen dem bewussten Verstand und den automatischen Funktionen des Unterbewusstseins.)

Bedenken Sie die in jeder Aussage enthaltene, enorme begriffliche Integration, angefangen bei einer kindlichen Konversation bis hin zu einer wissenschaftlichen Abhandlung. Bedenken Sie die lange begriffliche Kette, die mit einfachen, ostensiven Definitionen beginnt und sich zu immer höheren Begriffen ausbaut und eine so komplexe hierarchische Wissensstruktur bildet, an die kein Computer heranreicht. Durch solche Ketten muss der Mensch sein Wissen über die Realität erwerben und abspeichern.

Und doch ist dies der einfachere Teil seiner psycho-epistemologischen Aufgabe. Es gibt noch einen weiteren, viel komplexeren Teil.

Dieser Teil besteht aus der Anwendung seines Wissens, d.h. der Einschätzung der Tatsachen der Realität, der Auswahl seiner Ziele und der dazugehörigen Handlungen. Um das zu tun, braucht der Mensch eine weitere Reihe von Begriffen, die sich von der ersten ableitet und von ihr abhängt, aber gewissermaßen noch komplexer ist: eine Kette von normativen Abstraktionen.

Während kognitive Abstraktionen die Tatsachen der Realität identifizieren, werden diese Tatsachen durch normative Abstraktionen bewertet, und diktieren somit eine Werteauswahl und eine Vorgehensweise. Kognitive Abstraktionen behandeln das, was *ist*; normative Abstraktionen behandeln das, was *sein sollte* (jedenfalls dort, wo man eine Wahlmöglichkeit hat).

Ethik, die normative Wissenschaft, basiert auf zwei kognitiven Zweigen der Philosophie: der Metaphysik und der Erkenntnistheorie. Um vorzuschreiben, was der Mensch tun sollte, muss man zuerst wissen, *was und wo er ist*, d.h. wie sein Wesen (einschließlich seiner kognitiven Mittel) beschaffen ist, und wie das Wesen des Universums beschaffen ist, in dem er handelt. (Es ist in diesem Kontext irrelevant, ob die metaphysische Basis eines bestimmten ethischen Systems wahr oder falsch ist; wenn sie falsch ist, macht dieser Irrtum die Ethik unpraktizierbar. Was uns hier beschäftigt, ist nur die Abhängigkeit der Ethik von der Metaphysik.)

Ist das Universum für den Menschen verständlich, oder sinnlos und unerkennbar? Kann der Mensch auf der Erde Glück finden oder ist er verurteilt zu Enttäuschung und Verzweiflung? Hat der Mensch die Macht der Entscheidung, kann er seine Ziele auswählen und erreichen? Hat er die Macht, sein Leben selbst in die Hand zu nehmen – oder ist er das hilflose Spielzeug von Kräften jenseits seiner Kontrolle, die sein Schicksal bestimmen? Soll man die menschliche Natur für gut halten oder soll man sie verabscheuen? Dies sind *metaphysische* Fragen, aber die Antworten darauf bestimmen die Art von *Ethik*, die man übernehmen und praktizieren wird; die Antworten sind das Glied zwischen Metaphysik und Ethik. Und obwohl Metaphysik an sich keine normative Wissenschaft ist, nehmen die Antworten auf diese Fragen im Kopf des Menschen die Funktion von metaphysischen Werturteilen an, da sie das Fundament all seiner moralischen Werte bilden.

Bewusst oder unterbewusst, explizit oder implizit weiß der Mensch, dass er ein umfassendes Weltbild braucht, um seine Werte zu integrieren, seine Ziele auszuwählen, seine Zukunft zu planen und die Einheit und den Zusammenhalt seines Lebens zu bewahren – und dass seine metaphysischen Werturteile in jedem Moment seines Lebens, in jeder seiner Entscheidungen und Handlungen enthalten sind.

Die Metaphysik – die Wissenschaft, die sich mit der fundamentalen Natur der Realität beschäftigt – enthält die umfassendsten Abstraktionen. Sie umfasst alles, was der Mensch je gesehen hat; sie umfasst eine unglaubliche Summe aus Wissen und eine so lange Kette von Begriffen, dass niemand sie alle in seiner unmittelbaren bewussten Wahrnehmung behalten könnte. Und doch benötigt der Mensch diese Summe und dieses Bewusstsein – er braucht die Macht, sich all das in seine volle, bewusste Aufmerksamkeit zu rufen.

Diese Macht verleiht ihm die Kunst.

Kunst ist eine selektive Neuerschaffung der Realität nach den metaphysischen Werturteilen des Künstlers.

Durch eine selektive Neuerschaffung isoliert und integriert Kunst jene Aspekte der Realität, die die fundamentalen Ansichten des Menschen über sich und das Dasein repräsentieren. Aus den zahllosen Einzeldingen – aus einzelnen, chaotischen und (anscheinend) widersprüchlichen Merkmalen, Handlungen und Entitäten – isoliert ein Künstler die Dinge, die er für metaphysisch bedeutsam hält und integriert sie in einen einzelnen neuen Gegenstand, der eine Abstraktion verkörpert.

Nehmen wir zwei Statuen als Beispiel: Die eine stellt einen griechischen Gott dar, die andere eine deformierte mittelalterliche Monstrosität. Beides sind metaphysische Einschätzungen des Menschen; beide repräsentieren das Menschenbild des Künstlers; beide sind konkretisierte Darstellungen der Philosophie der jeweiligen Kulturen.

Kunst ist eine Konkretisierung der Metaphysik. *Kunst bringt die Begriffe des Menschen auf die wahrnehmende Stufe seines Bewusstseins und erlaubt ihm, sie direkt zu begreifen, als wären sie Wahrnehmungen.*

Das ist die psycho-epistemologische Funktion von Kunst und der Grund für ihre Wichtigkeit im menschlichen Leben (und der Kernpunkt der objektivistischen Ästhetik).

So wie Sprache Abstraktionen in das psycho-epistemologische Äquivalent von Einzeldingen übersetzt, in eine verwaltbare Anzahl von spezifischen Einheiten, so übersetzt Kunst metaphysische Abstraktionen in das Äquivalent von Einzeldingen – in spezifische Entitäten, die der Mensch direkt wahrnehmen kann.

Die Behauptung, „Kunst ist eine universelle Sprache“ ist keine leere Metapher, sondern ist buchstäblich wahr – im Sinne der von der Kunst ausgeübten psycho-epistemologischen Funktion.

Bedenken Sie, dass die Geschichte der Kunst als Anhängsel (und meistens als Monopol) der Religion begann. Religion ist die primitive Form der Philosophie: Sie versorgte den Menschen mit einem umfassenden Weltbild. Die Kunst dieser primitiven Kulturen war die Konkretisierung der metaphysischen und ethischen Abstraktionen ihrer Religion.

Die beste Illustration des in der Kunst enthaltenen psycho-epistemologischen Prozesses sieht man in einem Aspekt einer bestimmten Kunst: durch die Charakterisierung in der Literatur. Der menschliche Charakter mit all seinen unzähligen Potentialen, Tugenden, Lastern, Brüchen und Widersprüchen ist so komplex, dass der Mensch sein eigenes größtes Rätsel ist. Es ist selbst in rein kognitiven Abstraktionen sehr schwierig, menschliche Charakterzüge zu isolieren und zu integrieren und sie alle im Kopf zu behalten, wenn man die Menschen verstehen will, die man trifft.

Sehen Sie sich z.B. die Figur des Babbitt aus Sinclair Lewis’ Roman an. Er ist die Konkretisierung einer Abstraktion, die eine unerrechenbare Summe von Beobachtungen und Einschätzungen einer unerrechenbaren Anzahl von Eigenschaften abdeckt, die eine unerrechenbare Anzahl Menschen einer bestimmten Sorte besitzt. Lewis hat ihre wesentlichen Charakterzüge isoliert und sie in die konkrete Form einer einzigen Figur integriert – und wenn Sie über jemanden sagen: „Er ist ein Babbitt“, dann enthält Ihre Einschätzung in einem einzigen Wort die enorme Gesamtsumme, die diese Figur darstellt.

Wenn wir zu normativen Abstraktionen kommen – zur Aufgabe, Moralprinzipien zu definieren, und darzustellen, wie der Mensch sein sollte –, ist der erforderliche psycho-epistemologische Prozess noch schwieriger. Diese Aufgabe erfordert ein jahrelanges Studium – und die Ergebnisse sind ohne die Hilfe der Kunst fast unmöglich zu vermitteln. Eine umfassende philosophische Abhandlung, die moralische Werte definiert und eine lange Liste von Tugenden aufzählt, reicht dazu nicht aus; sie würde nicht vermitteln, wie ein idealer Mensch sein und wie er handeln würde: Kein Geist kann mit einer so immensen Summe von Abstraktionen umgehen. Wenn ich „umgehen" sage, meine ich die Rückübersetzung all der Abstraktionen in die wahrnehmbaren Gegenstände, für die sie stehen, d.h. sie wieder mit der Realität in Bezug zu setzen – und sie alle in der bewussten Wahrnehmung zu halten. Man kann eine solche Summe nicht ohne eine tatsächliche menschliche Figur integrieren – ohne eine integrierte Konkretisierung, die die Theorie erhellt und verständlich macht.

Daher kommt die sterile und dröge Atmosphäre vieler theoretischer Diskussionen über Ethik, und die Verachtung, die viele Menschen für solche Diskussionen empfinden: Moralische Prinzipien bleiben für sie schwebende Abstraktionen, die ihnen ein für sie unbegreifliches Ziel anbieten; die von ihnen verlangen, dass sie ihre Seele nach deren Abbild formen und ihnen die Bürde einer undefinierten moralischen Schuld auflädt. *Kunst ist ein unverzichtbares Medium für die Vermittlung eines moralischen Ideals.*

Beachten Sie, dass jede Religion eine Mythologie hat – eine durch Figuren verkörperte dramatische Konkretisierung ihres Moralkodexes, deren Endprodukt sie sind. (Die Tatsache, dass einige dieser Figuren überzeugender sind als andere hängt von der Rationalität oder Irrationalität der Moraltheorie ab, die sie verkörpern.)

Dies bedeutet nicht, dass Kunst ein Ersatz für philosophisches Denken ist: Ohne eine begriffliche Ethik wäre ein Künstler nicht in der Lage, erfolgreich ein Bild des Ideals zu schaffen. Aber ohne die Hilfe der Kunst bleibt Ethik auf der Stufe der theoretischen Ingenieurswissenschaft: Die Kunst ist der Modellbauer.

Viele Leser von *Der Ursprung* haben mir gesagt, dass die Person von Howard Roark ihnen bei einer Entscheidung geholfen hat, wenn sie vor einem moralischen Dilemma standen. Sie fragten sich: „Was würde Howard Roark in solch einer Lage tun?" – und das Bild von Roark gab ihnen die Antwort, schneller als ihr Verstand die richtige Anwendung all der beteiligten komplexen Prinzipien hätte identifizieren können. Sie spürten fast sofort, was er tun oder nicht tun würde – und dies half ihnen, die Gründe, die moralischen Prinzipien, die ihn geleitet hätten, zu isolieren und zu identifizieren. Dies ist die psycho-epistemologische Funktion eines personifizierten (konkretisierten) menschlichen Ideals.

Es ist jedoch wichtig zu betonen, dass obwohl moralische Werte untrennbar mit der Kunst verwoben sind, sie nur als Konsequenz und nicht als kausale Determinante beteiligt sind: Der primäre Fokus von Kunst ist metaphysisch, nicht ethisch. Kunst ist nicht „das Stubenmädchen" der Moral. Ihr grundlegendes Ziel besteht nicht darin, irgendetwas zu reformieren, zu vertreten oder jemanden zu bilden. Die Konkretisierung des moralischen Ideals ist kein Lehrbuch darüber, wie man dazu wird. Das grundlegende Ziel von Kunst ist nicht *Lehren*, sondern *Zeigen* – dem Menschen ein konkretisiertes Bild seiner Natur und seiner Stellung im Universum zu zeigen.

Jede metaphysische Frage wird zwangsläufig einen enormen Einfluss auf das menschliche Verhalten und daher auf seine Ethik haben; und, da jedes Kunstwerk ein Thema hat, wird es seinem Publikum zwangsläufig eine Schlussfolgerung – eine „Botschaft" – vermitteln. Aber dieser Einfluss und diese „Botschaft" sind nur sekundäre Konsequenzen. *Kunst ist nicht das Mittel zu einem didaktischen Zweck.* Das ist der Unterschied zwischen einem Kunstwerk und einem Moralstück oder einem Propagandaplakat. Je größer ein Kunstwerk ist, umso universeller ist sein Thema. *Kunst ist nicht das Mittel zu buchstäblicher Übertragung.* Dies ist der Unterschied zwischen einem Kunstwerk und einer Nachrichtenmeldung oder einer Photographie.

Der Platz der Ethik in einem Kunstwerk hängt von den metaphysischen Ansichten des Künstlers ab. Wenn der Künstler bewusst oder unterbewusst die Prämisse vertritt, dass der Mensch die Macht des freien Willens hat, wird sie sein Werk zu einer Werteorientierung führen (zu Romantik). Wenn er die Prämisse vertritt, dass das Schicksal von Kräften jenseits seiner Kontrolle bestimmt wird, wird es sein Werk zu einer wertefeindlichen Orientierung führen (zu Naturalismus). Die philosophischen und ästhetischen Widersprüche des Determinismus sind in diesem Kontext irrelevant, so wie die Wahrheit oder Unwahrheit der metaphysischen Ansichten eines Künstlers irrelevant für das Wesen der Kunst an sich sind. Ein Kunstwerk kann die Werte darstellen, die der Mensch suchen sollte, und ihm das konkretisierte Bild des Lebens, das er erreichen sollte, vor Augen führen. Oder es kann behaupten, dass seine Anstrengungen nutzlos sind und ihm das konkretisierte Bild von Scheitern und Verzweiflung als letztendliches Schicksal vor Augen führen. In beiden Fällen bleiben die ästhetischen Mittel – der beteiligte psycho-epistemologische Prozess – dieselben.

Die existentiellen Konsequenzen werden natürlich unterschiedlich ausfallen. Unter der unerrechenbaren Anzahl und der Komplexität von Entscheidungen, die einen Menschen in seinem täglichen Leben konfrontieren, mit dem oft verwirrenden Strom der Ereignisse, mit dem Wechsel von Erfolgen und Fehlschlägen, von Freuden, die zu selten sind, und Leiden, das zu lange dauert, ist er oft in Gefahr, seine Perspektive und die Wirklichkeit seiner eigenen Überzeugungen zu verlieren. Denken Sie daran, dass Abstraktionen an sich nicht existieren: Sie sind für den Menschen die erkenntnistheoretische Methode, das wahrzunehmen, was existiert – und was existiert, sind Einzeldinge. Um die volle, überzeugende, unwiderstehliche Macht des Wirklichen zu erhalten, müssen metaphysische Abstraktionen dem Menschen in konkreter Form begegnen, d.h. in Form von Kunst.

Sehen Sie sich an, welchen Unterschied es machen würde, wenn der Mensch sich aus seinem Bedürfnis nach philosophischer Anleitung, Bestätigung oder Inspiration der Kunst des antiken Griechenland oder der Kunst des Mittelalters zuwendet. Mit dem kombinierten Auftreffen von abstraktem Denken und unmittelbarer Realität erreicht das Kunstwerk gleichzeitig seinen Geist und seine Emotionen. Die eine Art von Kunst sagt ihm, dass Katastrophen nur vorübergehend sind und dass Größe,

Schönheit, Stärke und Selbstvertrauen sein natürlicher Zustand sind. Die andere Art sagt ihm, dass Glück vorübergehend und böse ist, dass er ein missgebildeter, ohnmächtiger, elender kleiner Sünder ist, der am Rande der Hölle in ewiger Angst lebt.

Die Konsequenzen dieser jeweiligen Erfahrungen sind offensichtlich – und die Geschichte ist ihre praktische Demonstration. Die Kunst ist nicht allein verantwortlich für die Größe oder die Gräuel dieser beiden Zeiten, aber die Kunst ist die Stimme der Philosophie – der Philosophie, die diese beiden Kulturen beherrscht hat.

Was die Rolle der Gefühle in der Kunst und die unterbewussten Mechanismen angeht, die als integrierender Faktor sowohl im künstlerischen Schaffen als auch in der Reaktion auf Kunst dienen, enthalten sie ein psychologisches Phänomen, das wir ein Lebensgefühl nennen. Ein Lebensgefühl ist ein vorbegriffliches Äquivalent von Metaphysik, eine emotionale, unterbewusst integrierte Einschätzung des Menschen und des Daseins. Aber das ist ein anderes, wenngleich verwandtes Thema (das ich in Kapitel 2 und 3 behandeln werde). Hier geht es nur um die psycho-epistemologische Rolle der Kunst.

Eine am Anfang aufgeworfene Frage sollte nun klar sein. Der Grund, warum Kunst eine zutiefst persönliche Bedeutung für den Menschen hat, besteht darin, dass Kunst die Wirksamkeit des menschlichen Bewusstseins bestätigt oder bestreitet, je nachdem, ob ein Kunstwerk sein eigenes fundamentales Weltbild bestätigt oder bestreitet.

Dies ist die Bedeutung und die Macht eines Mediums, das heute vorwiegend in den Händen von Menschen liegt, die als Qualifikation prahlerisch die Tatsache anführen, dass sie nicht wissen, was sie tun.

Wir sollten sie beim Wort nehmen: Sie wissen es nicht – wir schon.

(April 1965)

2. Philosophie und Lebensgefühl

Da Religion eine primitive Form der Philosophie ist – ein Versuch, ein umfassendes Weltbild darzubieten –, sind viele ihrer Mythen verzerrte, dramatisierte Allegorien, die ein Quäntchen Wahrheit, einen wirklichen, wenn auch schwer zu fassenden Aspekt des menschlichen Daseins enthalten. Eine dieser Allegorien, die die Menschen besonders verstörend finden, ist der Mythos eines übernatürlichen Beobachters, vor dem man nichts verstecken kann und der die guten wie die schlechten, die edlen und die verkommenen Taten aufzeichnet und den Menschen beim Jüngsten Gericht mit dieser Aufstellung konfrontiert.

Dieser Mythos ist wahr – nicht existenziell, sondern psychologisch gesehen. Der gnadenlose Beobachter, der alles aufzeichnet, ist der integrierende Mechanismus des menschlichen Unterbewusstseins; die Aufzeichnung ist sein *Lebensgefühl.*

Ein Lebensgefühl ist ein vor-begriffliches Äquivalent von Metaphysik, eine emotionale, unterbewusst integrierte Einschätzung des Menschen und des Daseins. Es bestimmt das Wesen der emotionalen Reaktionen und den Charakter des Menschen.

Lange bevor ein Mensch alt genug ist, einen Begriff wie „Metaphysik" zu verstehen, trifft er Entscheidungen, bildet Werturteile, empfindet Gefühle und erwirbt sich ein bestimmtes *implizites* Weltbild. Jede Entscheidung und jedes Werturteil impliziert eine Einschätzung seiner selbst und seiner Umwelt – besonders seiner Fähigkeit, mit dieser Welt fertigzuwerden. Er mag bewusste Schlüsse ziehen, die wahr oder falsch sein können; er mag mental passiv bleiben und auf Ereignisse bloß reagieren (d.h. lediglich fühlen). Wie auch immer – sein unterbewusster Mechanismus zählt seine psychologischen Aktivitäten zusammen, integriert seine Schlüsse, Reaktionen oder Auslassungen in eine emotionale Summe, die ein Gewohnheitsmuster formt und zu seiner automatischen Reaktion auf seine Umwelt wird. Was als Serie einzelner, abgetrennter Schlussfolgerungen (oder Unterlassungen) in Bezug auf seine jeweiligen Probleme begann, wird zu einem generalisierten Gefühl über das Dasein, zu einer impliziten *Metaphysik* mit der unwiderstehlichen Motivationskraft einer ständigen, grundlegenden Emotion – einer Emotion, die Teil all seiner anderen Emotionen ist und allen Erfahrungen zugrunde liegt. *Das* ist ein Lebensgefühl.

Zu dem Ausmaß, zu dem jemand mental aktiv ist, d.h. angetrieben wird von dem Wunsch, zu wissen und zu *verstehen*, arbeitet sein Verstand als Programmierer seines emotionalen Computers – und sein Lebensgefühl entwickelt sich zu einem strahlenden Gegenstück einer rationalen Philosophie. Zu dem Ausmaß, zu dem jemand das unterlässt, wird die Programmierung seines emotionalen Computers durch *zufällige* Einflüsse vorgenommen; durch zufällige Eindrücke, Assoziationen, Imitationen, durch unverdaute Bruchstücke abgedroschener Plattitüden, durch kulturelle Osmose. Wenn Unterlassung oder Lethargie die vorherrschende mentale Funktionsweise ist, ist das Resultat ein Lebensgefühl, das von Angst beherrscht wird – eine Seele, die aussieht wie ein umgeformtes Stück Ton mit Fußspuren, die in alle Richtungen gehen. (Wenn er älter wird, jammert so jemand, dass er seine Identität verloren hat; Tatsache ist aber, dass er sie nie erworben hat.)

Der Mensch kann aufgrund seiner Natur nicht auf Generalisierungen verzichten; er kann nicht von Moment zu Moment, ohne Kontext, Vergangenheit oder Zukunft leben; er kann sein Integrationsvermögen – sein Begriffsvermögen – nicht eliminieren und sein Bewusstsein nicht auf die wahrnehmende Stufe eines Tieres beschränken. Genau wie das Bewusstsein eines Tieres nicht mit Abstraktionen umgehen kann, so kann das menschliche Bewusstsein nicht so weit schrumpfen, dass es sich nur noch mit unmittelbar Gegenständlichem befasst. Der enorm mächtige integrierende Mechanismus seines Bewusstseins ist von Geburt an da; seine einzige Entscheidung besteht darin, ihn zu betreiben oder von ihm betrieben zu werden. Da ein willentlicher Akt – ein Denkprozess – für die Verwendung dieses Mechanismus erforderlich ist, kann der Mensch dieser Anstrengung ausweichen. Wenn er dies aber tut, übernimmt der Zufall: Der Mechanismus funktioniert selbsttätig, wie eine Maschine ohne Fahrer; er integriert weiter, aber blind, unzusammenhängend und zufällig – nicht als Instrument der Wahrnehmung, sondern als Instrument der Verzerrung, der Täuschung und der Angst, das es darauf abgesehen hat, das Bewusstsein seines Besitzers zu zerstören.

Ein Lebensgefühl wird durch einen Prozess emotionaler Generalisierung gebildet, den man als unterbewusstes Gegenstück eines Abstraktionsprozesses bezeichnen kann, da es eine Methode von Klassifizierung und Integration ist. Aber es ist ein Prozess *emotionaler* Abstraktion: Er besteht aus der Klassifizierung von Dingen *nach den Gefühlen, die sie hervorbringen* – d.h. alle Dinge zu verbinden, die die Macht haben, in einem Individuum durch Assoziation oder Konnotation das gleiche (oder ein ähnliches) Gefühl hervorzubringen. Beispielsweise: eine neue Umgebung, eine Entdeckung, Abenteuer, Anstrengung, Triumph – oder: die Nachbarn, ein auswendig gelernter Vortrag, ein Familienpicknick, eine bekannte Routine, Gemächlichkeit. Oder auf einer höheren Stufe: ein heldenhafter Mensch, die Skyline von New York, eine sonnendurchflutete Landschaft, klare Farben, ekstatische Musik – oder: ein einfacher Mensch, ein altes Dorf, eine neblige Landschaft, trübe Farben, Volksmusik.

Welche jeweiligen Gefühle von den Dingen in diesen Beispielen als gemeinsamer Nenner hervorgerufen werden, hängt davon ab, welche Dinge zu dem Bild passen, das jemand von sich selbst hat. Für jemanden, der Selbstachtung hat, besteht das Gefühl, das die Dinge aus dem ersten Teil dieser Beispiele vereint, aus Bewunderung, Begeisterung und einem Gefühl der Herausforderung; das Gefühl, das die Dinge im zweiten Teil vereint, ist Ekel oder Langeweile. Für jemanden, dem es an Selbstachtung mangelt, ist das vereinende Element für die ersten Beispiele Angst, Schuld, Verachtung; das Gefühl, das die Dinge im zweiten Teil vereint, ist Linderung von Angst, Beruhigung und die anspruchslose Sicherheit der Passivität.

Obwohl solche emotionalen Abstraktionen sich zu einem metaphysischen Menschenbild auswachsen, liegt ihr Ursprung in dem Bild, das ein Individuum *von sich selbst und von seinem Dasein hat.* Das subverbale, unterbewusste Auswahlkriterium, das seine emotionale Abstraktion bildet, lautet: „Das, was wichtig für *mich* ist“ oder: „Die Art von Universum, das für *mich* richtig ist, in dem *ich* mich zu Hause fühlen würde.“ Es ist offensichtlich, welche immensen psychologischen Konsequenzen daraus folgen, je nachdem, ob die unterbewusste Metaphysik mit den Tatsachen der Realität übereinstimmt oder ihnen widerspricht.

Der Schlüsselbegriff in der Bildung eines Lebensgefühls lautet *„wichtig“*. Er gehört in den Bereich von Werten, da er eine Antwort auf die Frage „Wichtig für wen?“ impliziert. Aber ihre Bedeutung unterscheidet sich von der moralischer Werte. „Wichtig“ bedeutet nicht zwangsläufig „gut“. Es bedeutet „beachtenswert“. Was *ist* fundamental gesehen beachtenswert? Die Realität.

„Wichtig“ ist in seiner Kernaussage, anders als in begrenzteren oder oberflächlicheren Verwendungen, ein *metaphysischer* Begriff. Er gilt für jenen Aspekt der Metaphysik, der als Brücke zwischen Metaphysik und Ethik fungiert: für ein fundamentales Bild der menschlichen Natur. Dieses Bild enthält die Antworten auf Fragen, ob das Universum erkennbar ist oder nicht, ob der Mensch freien Willen hat oder nicht, ob er seine Ziele im Leben erreichen kann oder nicht. Die Antworten auf solche Fragen sind „metaphysische Werturteile“, da sie die Grundlage für die Ethik sind.

Nur jene Werte, die der Mensch für „wichtig“ hält und die sein implizites Weltbild repräsentieren, bleiben in seinem Unterbewusstsein haften und bilden sein Lebensgefühl.

„Es ist wichtig, zu verstehen“ – „Es ist wichtig, meinen Eltern zu gehorchen“ – „Es ist wichtig, eigenständig zu handeln“ – „Es ist wichtig, anderen zu gefallen“ – „Es ist wichtig, für das zu kämpfen, was ich will“ – „Es ist wichtig, sich keine Feinde zu machen“ – „Mein Leben ist wichtig“ – „Wer bin ich schon?“

Der Mensch ist ein Wesen mit selbstgemachter Seele – und aus solchen Schlüssen ist das Material seiner Seele gemacht. (Mit „Seele“ meine ich „Bewusstsein“.)

Die integrierte Summe seiner grundlegenden Werte ist sein Lebensgefühl.

Ein Lebensgefühl repräsentiert die frühesten Wertintegrationen eines Menschen, die in einem formbaren, ergänzungsfähigen Zustand bleiben, während er Wissen erwirbt, um die volle *begriffliche* Kontrolle zu erlangen und somit seinen inneren Mechanismus zu *steuern*. Volle begriffliche Kontrolle bedeutet einen bewusst ausgerichteten Prozess kognitiver Integration, was bedeutet: eine bewusste *Lebensphilosophie*.

Wenn der Mensch ein jugendliches Alter erreicht hat, ist sein Wissen ausreichend, um sich mit weit gefassten fundamentalen Begriffen zu befassen; dies ist die Periode, in der er sich bewusst wird, dass man sein unzusammenhängendes Lebensgefühl in bewusste Begriffe übersetzen muss. Dies ist die Periode, in der er nach Dingen wie dem Sinn des Lebens, Prinzipien, Idealen, Werten und besonders nach Selbstbehauptung sucht. Und da in unserer anti-rationalen Kultur nichts unternommen wird, um einem jungen Geist bei diesem lebenswichtigen Übergang zu helfen, und alles nur Erdenkliche getan wird, um ihn zu behindern, zu verkrüppeln und lächerlich zu machen, besteht das Resultat besonders heute aus der verzweifelten, hysterischen Irrationalität der meisten Jugendlichen. Ihre Qual ist die der Ungeborenen – die Qual eines Geistes, der einen Prozess der Atrophie durchläuft, zu einer Zeit, die die Natur für dessen Wachstum eingerichtet hat.

Der Übergang von der Lenkung durch ein Lebensgefühl zur Lenkung durch eine bewusste Philosophie nimmt viele Formen an. Für die seltene Ausnahme – das völlig rationale Kind – ist es ein natürlicher, fesselnder, wenn auch schwieriger Prozess – der Prozess, durch bewusste Begriffe das zu bestätigen oder gegebenenfalls zu korrigieren, was man bereits über das Wesen der menschlichen Existenz gefühlt hatte, und somit ein wortloses Gefühl in deutlich ausformuliertes Wissen zu übersetzen und ein festes intellektuelles Fundament für seinen Lebensweg zu legen. Das Resultat ist eine vollständig integrierte Persönlichkeit, ein Mensch, dessen Verstand und Gefühle in Einklang stehen, dessen Lebensgefühl seinen bewussten Überzeugungen entspricht.

Eine Philosophie ersetzt kein Lebensgefühl; es agiert weiter als die automatisch integrierte Summe seiner Werte.

Aber Philosophie stellt die Kriterien seiner emotionalen Integrationen auf, und zwar nach einem voll definierten und konsistenten Weltbild (falls diese Philosophie rational ist). Statt eine implizite Metaphysik von seinen Werturteilen unterbewusst abzuleiten, leitet er nun seine Werturteile bewusst von einer expliziten Metaphysik ab. Seine Gefühle kommen aus seinen Urteilen, von denen er *völlig überzeugt* ist. Der Kopf führt, die Gefühle folgen.

Für viele Menschen findet dieser Übergang nie statt: Sie unternehmen keinen Versuch, ihr Wissen zu integrieren und bewusste Überzeugungen zu erlangen. Sie sind der Gnade ihres unartikulierten Lebensgefühls ausgeliefert.

Für die meisten Menschen ist dieser Übergang ein quälender und nicht komplett erfolgreicher Prozess, der zu einem fundamentalen inneren Konflikt führt – einem Konflikt zwischen den eigenen bewussten Überzeugungen und dem eigenen unterdrückten, unidentifizierten (oder nur zum Teil identifizierten) Lebensgefühl. Meistens ist der Übergang unvollständig, wie bei einem Menschen, dessen Überzeugungen nicht Teil einer vollständig integrierten Philosophie, sondern nur eine Ansammlung von zufälligen, zusammenhangslosen und oft widersprüchlichen Ideen sind und die daher für seinen eigenen Geist gegen die Macht seiner unterbewussten Metaphysik nicht überzeugend sind. In einigen Fällen ist das Lebensgefühl eines Menschen besser (näher an der Wahrheit) als die Ideen, die er akzeptiert. In anderen Fällen ist sein Lebensgefühl schlechter als die Ideen, die er vermeintlich akzeptiert, aber nicht vollständig umsetzen kann. Ironischerweise agieren seine Emotionen in solchen Fällen als die Rächer seines vernachlässigten oder verratenen Intellekts.

Um zu leben, muss der Mensch handeln; um zu handeln, muss er Entscheidungen treffen; um Entscheidungen zu treffen, muss er einen Wertekanon definieren; um einen Wertekanon zu definieren, muss er wissen, *was* er ist und *wo* er ist, d.h. er muss seine eigene Natur (einschließlich seiner Mittel zum Wissenserwerb) und das Wesen des Universums, in dem er handelt, kennen – d.h. er braucht Metaphysik, Erkenntnistheorie und Ethik, d.h. Philosophie. Er kann diesem Bedürfnis nicht entkommen; seine einzige Alternative besteht darin, ob seine Philosophie durch seinen Verstand oder durch Zufall gewählt wurde.

Wenn sein Verstand ihn nicht mit einem umfassenden Weltbild versorgt, wird sein Lebensgefühl das erledigen. Wenn er den jahrhundertealten konzertierten Angriffen auf die Vernunft nachgibt – Traditionen, die bösartige Irrationalität oder unverhüllten Unsinn in philosophischer Verkleidung anbieten –, wenn er aus Lethargie oder Verwirrung aufgibt, fundamentalen Fragen ausweicht und sich nur mit den Gegenständen seines Alltags beschäftigt, übernimmt sein Lebensgefühl: Im Guten wie im Bösen (meistens aber im Bösen) ist er der Gnade einer unterbewussten Philosophie ausgeliefert, die er nicht kennt, nie überprüft und nie bewusst übernommen hat.

Und während seine Angst und Unsicherheit Jahr um Jahr zunehmen, stellt er irgendwann fest, dass er verloren ist, als ob ihm der Tag der Abrechnung bevorstünde. Er weiß nicht, dass *jeder* Tag seines Lebens der Tag der Abrechnung ist – der Tag, an dem man für die Unterlassungen, die Lügen, die Widersprüche und die Verdrängungen bezahlen muss, die sein Unterbewusstsein auf die Seiten seines Lebensgefühls geschrieben hat. Und in dieser psychologischen Akte sind die leeren Seiten die schwärzesten Sünden.

Ein einmal erworbenes Lebensgefühl ist kein abgeschlossener Fall. Es kann verändert und korrigiert werden – in der Jugend einfacher, solange es noch formbar ist, und im Alter schwieriger. Da es eine emotionale Summe ist, kann es nicht durch eine direkte Willensanstrengung verändert werden. Es verändert sich automatisch, aber erst nach einem langen psychologischen Prozess, wenn man seine bewussten philosophischen Prämissen verändert.

Ob man es korrigiert oder nicht, ob es an irgendeinem Punkt oder zu irgendeiner Zeit objektiv mit der Realität übereinstimmt oder nicht, so bleibt ein Lebensgefühl immer eine zutiefst persönliche Eigenschaft; es reflektiert die tiefsten Werte eines Menschen, und er erlebt es als Gefühl der eigenen Identität.

Das Lebensgefühl einer bestimmten Person ist so schwierig begrifflich identifizierbar, weil es so schwierig zu isolieren ist: Es steckt in allem, was zu dieser Person gehört, in jedem Gedanken, in jedem Gefühl, in jeder Handlung, in jeder Reaktion, in jeder Entscheidung und jedem Wert, in jeder spontanen Geste, in seiner Art, sich zu bewegen, zu sprechen, zu lächeln, in der Gesamtsumme seiner Persönlichkeit. Es besteht aus dem, was ihn erst zu einer „Persönlichkeit" macht.

Introspektiv erfährt man sein eigenes Lebensgefühl als etwas Absolutes und als unreduzierbaren Grundsatz – als etwas, was man nie hinterfragt, *weil der Gedanke daran nie aufkommt.* Extrospektiv fällt einem das Lebensgefühl einer anderen Person als unmittelbarer, aber undefinierbarer Eindruck bereits nach sehr kurzer Zeit auf, ein Eindruck, dessen man sich meistens gewiss ist, den man aber nicht in Worte fassen kann, wenn man es versucht.

Daher halten viele Leute ein Lebensgefühl für eine Art besonderer Intuition, als etwas, das man nur mit einem besonderen, nicht-rationalen Einblick wahrnehmen kann. Das genaue Gegenteil trifft zu: Ein Lebensgefühl ist *kein* unreduzierbarer Grundsatz, sondern eine höchst komplexe Summe; man kann sie durch eine automatische Reaktion fühlen, aber nicht verstehen; um verstanden zu werden, muss sie analysiert, identifiziert und begrifflich verifiziert werden. Dieser automatische Eindruck (von sich selbst und von anderen) ist nur eine Spur; und wenn man ihn nicht übersetzt, kann er eine falsche Spur sein. Aber wenn dieser ungreifbare Eindruck vom bewussten Urteil des eigenen Verstandes unterstützt wird, ist das Ergebnis die überschwänglichste Form von Gewissheit, die man je erleben wird: eine Integration von Verstand und Werten.

Es gibt zwei Aspekte der menschlichen Existenz, die die Domäne und der Ausdruck des Lebensgefühls sind: Liebe und Kunst.

Ich meine hier romantische Liebe im ernsthaften Sinne des Wortes – nicht die oberflächliche Verliebtheit von Leuten, deren Lebensgefühl keine durchgängigen Werte, d.h. keine andauernden Emotionen außer Angst kennt. Liebe ist eine Reaktion auf Werte. Man verliebt sich in das Lebensgefühl eines anderen – in diese Kernsumme, diese fundamentale Art, wie man dem Dasein gegenübersteht, was der Kern einer Persönlichkeit ist. Man verliebt sich in die Verkörperung der Werte, die den Charakter einer Person herausgebildet haben, die sich in ihren Zielen und den kleinsten Gesten widerspiegeln, die den *Stil* ihrer Seele erschaffen – den individuellen Stil eines einzigartigen, unwiederholbaren, unersetzlichen Bewusstseins. Das eigene Lebensgefühl wählt hierbei aus und reagiert auf das, was es als grundlegende eigene Werte in der Person eines anderen erkennt. Dies ist keine Frage von erklärten Überzeugungen (obwohl diese nicht irrelevant sind); es ist eine Frage von tiefster, bewusster *und unterbewusster* Eintracht.

Viele Irrtümer und tragische Enttäuschungen sind in diesem Prozess emotionaler Erkenntnis möglich, da ein Lebensgefühl an sich nicht als kognitive Leitlinie geeignet ist. Und wenn es Abstufungen des Bösen gibt, dann ist gemessen an menschlichem Leid eine der schlimmsten Konsequenzen des Mystizismus der Glaube, dass Liebe eine Sache des „Herzens“ und nicht des Verstandes sei, dass Liebe ein Gefühl sei, das mit Vernunft nichts zu tun habe, dass Liebe blind und für die Macht der Philosophie unzugänglich sei. Liebe ist der Ausdruck von Philosophie – einer unterbewussten philosophischen Summe –, und vielleicht braucht kein anderer Aspekt der menschlichen Existenz die bewusste Macht der Philosophie so dringend. Wenn diese Macht angerufen wird, um eine emotionale Einschätzung zu verifizieren und zu bestätigen, wenn Liebe eine bewusste Integration von Vernunft und Gefühl, von Verstand und Werten ist, dann – und nur dann – ist sie der höchste Lohn des Lebens.

Kunst ist eine selektive Neuerschaffung der Realität nach den metaphysischen Werturteilen des Künstlers. Sie ist der Integrator und Konkretisierer metaphysischer Abstraktionen. Sie ist die Stimme seines Lebensgefühls. Als solche unterliegt die Kunst der gleichen Aura des Mysteriösen, den gleichen Gefahren, den gleichen Tragödien – und manchmal der gleichen Herrlichkeit – wie romantische Liebe.

Von allen menschlichen Produkten ist die Kunst vielleicht das persönlich wichtigste und das am wenigsten verstandene – was ich im nächsten Kapitel behandeln möchte.

(Februar 1966)

3. Kunst und Lebensgefühl

Wenn man im wirklichen Leben eine schöne Frau in einem geschmackvollen Abendkleid sähe, die Herpesbläschen an der Lippe hat, wäre dieser Makel bedeutungslos, und man würde ihn übersehen.

Aber ein Gemälde von dieser Frau wäre ein gewissenloser und obszöner Angriff auf den Menschen, auf Schönheit und auf alle Werte – und man wäre entsetzt und empört über den Künstler. (Es gibt auch Menschen, die so etwas gerne sehen und die in die gleiche moralische Kategorie wie der Künstler gehören.)

Die emotionale Reaktion auf dieses Gemälde wäre unmittelbar, viel schneller als der Verstand des Betrachters alle beteiligten Gründe identifizieren könnte. Der psychologische Mechanismus, der diese Reaktion produziert (und das Gemälde produziert hat) ist das Lebensgefühl des Menschen.

(Ein Lebensgefühl ist ein vorbegriffliches Äquivalent von Metaphysik, eine emotionale, unterbewusst integrierte Einschätzung des Menschen und des Daseins.)

Das Lebensgefühl des Künstlers kontrolliert und integriert sein Werk und leitet die zahllosen Entscheidungen, die er zu treffen hat – angefangen bei der Auswahl des Themas bis zu den kleinsten Stildetails. Das Lebensgefühl des Betrachters oder des Lesers reagiert auf ein Kunstwerk durch eine komplexe und doch automatische Reaktion von Akzeptanz und Zustimmung bzw. Ablehnung und Verurteilung.

Dies bedeutet nicht, dass ein Lebensgefühl ein gültiges Kriterium für ästhetischen Wert ist, weder für den Künstler noch für den Betrachter. Ein Lebensgefühl ist *nicht* unfehlbar. Aber das Lebensgefühl ist der Ursprung der Kunst – der psychologische Mechanismus, der einen Menschen in die Lage versetzt, Kunst überhaupt zu schaffen.

Die in der Kunst enthaltene Emotion ist keine Emotion im üblichen Wortsinn, aber sie hat zwei Eigenschaften, die für

Emotionen gelten: Sie ist automatisch und hat eine intensive, zutiefst persönliche (und doch undefinierte) Wertbedeutung für den, der sie empfindet. Der beteiligte Wert ist das Leben – und die Worte, die dieses Gefühl ausdrücken, lauten: „*Das* bedeutet für *mich* Leben."

Was ein Kunstwerk fundamental ausdrückt, unter all seinen geringeren Aspekten und ungeachtet des Wesens oder des Inhalts der metaphysischen Ansichten eines Künstlers, ist: „*So* sehe *ich* das Leben." Die Kernbedeutung der Reaktion eines Betrachters oder Lesers lautet neben all ihren geringeren Elementen: „*So* sehe *ich* das Leben (nicht)."

Der psycho-epistemologische Prozess der Kommunikation zwischen einem Künstler und einem Betrachter oder Leser sieht wie folgt aus: Der Künstler beginnt mit einer umfassenden Abstraktion, die er konkretisieren (durch geeignete Einzeldinge Realität werden lassen) muss; der Betrachter nimmt die Einzeldinge wahr, integriert sie und begreift die Abstraktion, aus der sie kamen, und vollendet somit den Kreis. Metaphorisch gesprochen ähnelt der schöpferische Prozess einem Prozess der Deduktion; das Sehen ähnelt einem Prozess der Induktion.

Dies bedeutet nicht, dass Vermittlung der primäre Zweck eines Künstlers ist: Sein primäres Ziel besteht darin, sein Menschen- und Weltbild Realität werden zu lassen; aber dafür muss es in objektive (und daher vermittelbare) Begriffe übersetzt werden.

In Kapitel Eins behandelte ich die Frage, warum der Mensch Kunst braucht – warum es für ihn als Wesen mit *begrifflichem* Wissen notwendig ist, sich die lange Kette und die komplexe Gesamtsumme seiner metaphysischen Begriffe in sein unmittelbares Bewusstsein zu rufen. „Er [braucht] ein umfassendes Weltbild ..., um seine Werte zu integrieren, seine Ziele auszuwählen, seine Zukunft zu planen und die Einheit und den Zusammenhalt seines Lebens zu bewahren." Sein Lebensgefühl versorgt ihn mit der integrierten Summe seiner metaphysischen Abstraktionen; Kunst konkretisiert sie und erlaubt ihm, ihre unmittelbare Wirklichkeit wahrzunehmen – sie zu erleben.

Die Funktion psychologischer Integrationen besteht darin, bestimmte Zusammenhänge automatisch herzustellen, sodass sie als Einheit fungieren und nicht jedes Mal einen bewussten Denkprozess erforderlich machen. (Lernen an sich besteht aus der Automatisierung von Wissen, damit der Geist frei ist, weiteres Wissen zu suchen.) Es gibt viele spezielle oder „querverbundene" Abstraktionsketten (von miteinander verbundenen Begriffen). Kognitive Abstraktionen sind die fundamentale Kette, auf der alle anderen basieren. Solche Ketten sind mentale Integrationen, die einem speziellen Zweck dienen und dementsprechend durch ein spezielles Kriterium gebildet werden.

Kognitive Abstraktionen werden gebildet durch das Kriterium „Was ist *maßgeblich?*" (erkenntnistheoretisch wichtig für die Unterscheidung einer Klasse von Seienden von allen anderen). *Normative* Abstraktionen werden gebildet durch das Kriterium „Was ist *gut?*" *Ästhetische* Abstraktionen werden gebildet durch das Kriterium „Was ist *wichtig*?".

Ein Künstler verfälscht die Wirklichkeit nicht – er *stilisiert* sie. Er wählt jene Aspekte des Daseins aus, die er für metaphysisch bedeutsam hält – und indem er sie isoliert und betont, er das Unbedeutende und Zufällige auslässt, präsentiert er *sein* Weltbild. Seine Begriffe sind nicht von den Tatsachen der Realität abgehoben – sie integrieren die Tatsachen *und* seine metaphysische Einschätzung dieser Tatsachen. Seine Auswahl besteht in seiner Einschätzung: Alles, was in ein Kunstwerk einfließt – vom Thema über das Motiv bis hin zu Pinselstrich oder Adjektiv –, erwirbt metaphysische Bedeutung durch die bloße Tatsache, dass es einfließt – dass es *wichtig* genug ist, um einzufließen.

Ein Künstler (wie z.B. die Bildhauer im antiken Griechenland), der den Menschen als gottähnliche Figur darstellt, ist sich der Tatsache bewusst, dass Menschen verkrüppelt, krank oder hilflos sein können; aber er hält diese Zustände für zufällig, für irrelevant für die maßgebliche Natur des Menschen – und seine Figur verkörpert als natürlichen Zustand des Menschen Stärke, Schönheit, Intelligenz und Selbstvertrauen.

Ein Künstler (wie z.B. die Bildhauer des Mittelalters), der den Menschen als deformierte Monstrosität darstellt, ist sich der Tatsache bewusst, dass es Menschen gibt, die gesund, glücklich oder selbstbewusst sind; aber er hält diese Zustände für zufällig oder illusorisch, für irrelevant für die maßgebliche Natur des Menschen – und seine gequälte Figur verkörpert als natürlichen Zustand des Menschen Schmerz, Hässlichkeit und Angst.

Denken Sie nun noch einmal an das anfangs beschriebene Gemälde. Die Herpesbläschen auf der Lippe einer schönen Frau, die im wirklichen Leben bedeutungslos wären, bekommen eine monströse metaphysische Bedeutung, weil sie in ein Gemälde einfließen. Es erklärt, dass die Schönheit einer Frau und ihre Bemühungen (das schöne Abendkleid) eine vergebliche Illusion sind, die den Samen der Fäulnis in sich tragen, der alles verderben und zerstören kann; dass die Realität den Menschen verspottet, dass alle menschlichen Werte und Bemühungen nicht einmal gegen die Macht einer elenden kleinen Krankheit etwas ausrichten können.

Das naturalistische Argument, dass eine schöne Frau im wirklichen Leben ja Herpes haben könnte, ist ästhetisch irrelevant. Kunst befasst sich nicht mit wirklichen Begebenheiten oder Ereignissen, sondern mit ihrer metaphysischen Bedeutung für den Menschen.

Einen Hinweis auf die metaphysische Verzerrung von Kunst kann man in der populären Idee finden, dass ein Leser sich mit den Personen eines Buches „identifizieren" kann. „Sich identifizieren" ist ein umgangssprachlicher Ausdruck für einen Abstraktionsprozess: Er bedeutet, dass man ein gemeinsames Element zwischen der fiktiven Person und sich selbst feststellt, man eine Abstraktion aus den Problemen der fiktiven Person zieht und sie auf das eigene Leben anwendet. Unterbewusst, ohne Kenntnis über ästhetische Theorie, aber dank der impliziten Natur der Kunst, ist dies die Art und Weise, wie die meisten Menschen auf Romane und alle anderen Kunstformen reagieren.

Dies illustriert einen wichtigen Aspekt des Unterschieds zwischen einer Nachrichtenmeldung und einem Roman: Eine

Nachrichtenmeldung ist etwas Gegenständliches, aus dem man eine Abstraktion ableiten kann (oder auch nicht), die man für sein eigenes Leben als wichtig erachten kann (oder auch nicht); Erzählliteratur ist eine Abstraktion, die Allgemeingültigkeit beansprucht, d.h. auf jedes menschliche Leben, einschließlich des eigenen, anwendbar ist. Daher kann einem eine Nachrichtenmeldung egal sein, selbst wenn sie real ist, und daher empfindet man ein intensives persönliches Gefühl für einen Roman, obwohl er erfunden ist. Dieses Gefühl kann positiv sein, wenn man die Abstraktion als auf sich selbst anwendbar befindet – oder empört negativ, wenn man sie für unanwendbar und abträglich befindet.

Der Mensch sucht in einem Kunstwerk nicht journalistische oder wissenschaftliche Information oder moralische Orientierungshilfe (obwohl diese als sekundäre Konsequenz beteiligt sein mögen), sondern die Erfüllung eines tieferen Bedürfnisses: eine Bestätigung seines Weltbildes – eine Bestätigung nicht im Sinne der Ausräumung kognitiver Zweifel, sondern dass sie ihm erlaubt, seine Abstraktionen außerhalb seines eigenen Geistes, in Form konkreter Existenz zu betrachten.

Da der Mensch durch den Umbau seiner Umwelt für seine Zwecke überlebt, da er zuerst seine Werte definieren und dann erschaffen muss, braucht ein rationaler Mensch eine konkretisierte Projektion dieser Werte, ein Abbild, nach dem er die Welt und sich selbst neu erschaffen wird. Die Kunst liefert ihm dieses Bild; sie gibt ihm die Erfahrung, seine entfernten Ziele in voller, unmittelbarer, konkreter Realität zu sehen.

Da der Ehrgeiz eines rationalen Menschen unbegrenzt ist, da sein Streben nach Werten und deren Erlangung ein lebenslanger Prozess ist – und je höher die Werte desto härter der Kampf –, braucht er einen Moment, eine Stunde oder eine gewisse Zeit, in der er das Gefühl bekommt, seine Aufgabe wäre erfüllt, das Gefühl, in einem Universum zu leben, in dem seine Werte erfolgreich erlangt worden sind. Er braucht auch einen Moment des Ausruhens, einen Moment zum Auftanken für weitere Aufgaben. Die Kunst liefert ihm diesen Treibstoff; das Vergnügen, die objektifizierte Wirklichkeit des eigenen Lebensgefühls zu sehen, ist das Vergnügen, zu fühlen, wie es wäre, in der eigenen idealen Welt zu leben.

„Wichtig an dieser Erfahrung ist nicht, *was* der Mensch daraus lernt, sondern *dass* er sie macht. Der Treibstoff ist kein theoretisches Prinzip, keine didaktische ‚Botschaft', sondern die lebensspendende Tatsache, einen Moment *metaphysischer* Freude erfahren zu haben – einen Moment der Liebe zum Leben." (s. Kapitel 11.)

Dasselbe Prinzip gilt auch für einen irrationalen Menschen, wenn auch unter anderen Bedingungen, da seine Ansichten und Reaktionen anders ausfallen. Für einen irrationalen Menschen dient die Konkretisierung seines böswilligen Lebensgefühls nicht als Treibstoff und Inspiration, sondern als Erlaubnis, stillzustehen: Es erklärt, dass Werte unerreichbar sind, dass der Kampf nutzlos ist, dass Angst, Schmerz und Scheitern das unausweichliche Schicksal der Menschheit ist – oder dass er nichts dafür kann. Oder, auf einer noch irrationaleren Stufe, zeigt die Konkretisierung eines böswilligen Lebensgefühls ein Bild der triumphalen Bosheit, den Hass auf das Leben, die Rache gegen die besten Vertreter der Menschheit und die Zerstörung aller menschlichen Werte; diese Art von Kunst gibt ihm die momentane Illusion, dass er *Recht* hat – dass das Böse metaphysisch mächtig ist.

Kunst ist der metaphysische Spiegel des Menschen; was ein rationaler Mensch in diesem Spiegel sehen will, ist ein Salut; was ein irrationaler Mensch sehen will, ist eine Rechtfertigung – wenn auch nur eine Rechtfertigung für seine Verkommenheit, als letzte Zuckung seiner verratenen Selbstachtung.

Zwischen diesen beiden Extremen liegt das immense Kontinuum von Menschen mit gemischten Prämissen – deren Lebensgefühl ungelöste, schwankende oder offen widersprüchliche Elemente von Vernunft und Unvernunft enthält – und Kunstwerke, die diese Mischungen reflektieren. Da Kunst das Produkt von Philosophie ist (und die Philosophie tragisch gemischt ist), fallen die meisten Kunstwerke, einschließlich einiger ihrer besten Beispiele, in diese Kategorie.

Die Wahrheit oder Unwahrheit der Philosophie eines bestimmten Künstlers ist an sich kein ästhetisches Thema; sie kann den Genuss des Betrachters beeinflussen, aber sie negiert nicht den ästhetischen Wert des Kunstwerks. Irgendeine philosophische Bedeutung, irgendein *implizites* Weltbild, ist jedoch ein notwendiges Element eines Kunstwerks. Die Abwesenheit jeglicher metaphysischer Werte, d.h. ein graues, unbestimmtes, passives Lebensgefühl, resultiert in einer Seele ohne Treibstoff, Motor oder Stimme und macht den Menschen auf dem Gebiet der Kunst hilflos. Schlechte Kunst ist vorwiegend das Produkt von Imitation und Kopieren, nicht des kreativen Ausdrucks.

Zwei eigenständige, aber verknüpfte Elemente eines Kunstwerks sind die unerlässlichen Mittel für die Projektion eines Lebensgefühls: das Motiv und der Stil – *was* ein Künstler zeigen will und *wie* er es zeigt.

Das Motiv eines Kunstwerks drückt aus, wie die Auffassung zum menschlichen Dasein aussieht, während der Stil die Auffassung zum menschlichen Bewusstsein ausdrückt. Das Motiv offenbart die *Metaphysik* des Künstlers, der Stil offenbart seine *Psycho-Epistemologie.*

Die Wahl des Motivs erklärt, welche Aspekte des Daseins der Künstler für wichtig hält – welche es wert sind, neu erschaffen und betrachtet zu werden. Er kann sich entscheiden, als Exponenten der menschlichen Natur heldenhafte Gestalten zu zeigen – oder er kann statistische Zusammensetzungen des Durchschnitts, des Gewöhnlichen, des Mittelmäßigen zeigen – oder er kann Musterstücke der Verkommenheit zeigen. Er kann den Triumph eines (tatsächlichen oder geistigen) Helden zeigen wie Victor Hugo, ihr Bemühen (Michelangelo) oder ihr Scheitern (Shakespeare). Er kann die Leute von nebenan zeigen: Die Nachbarn, die neben Palästen wohnen (Tolstoi), neben Krämern (Sinclair Lewis), neben Küchen (Vermeer) oder in der Gosse (Zola). Er kann Monster zeigen – als Objekte moralischer Verurteilung (Dostojewski) oder als Objekte, vor denen man Angst haben soll (Goya) – oder er kann Sympathie mit seinen

Monstern verlangen und sich somit aus dem Gebiet der Werte (einschließlich ästhetischer) verabschieden.

Wie auch immer es geartet sein mag – das Motiv des Kunstwerks stellt dessen Ansicht über den Platz des Menschen im Universum nach außen dar.

Das Thema eines Kunstwerks ist das Bindeglied, das dessen Motiv und Stil vereint. „Stil" ist ein bestimmter, markanter oder charakteristischer Ausführungsmodus. Der Stil eines Künstlers ist das Produkt seiner eigenen Psycho-Epistemologie, und durch Implikation eine Darstellung seiner Ansicht über das menschliche Bewusstsein, dessen Wirksamkeit und seiner Funktionsmethode und -stufe.

Ein Mensch, dessen normaler Geisteszustand voll fokussiert ist, wird vorwiegend (wenn auch nicht ausschließlich) einen Stil aus strahlender Klarheit und schonungsloser Präzision schaffen (und darauf ansprechen) – einen Stil, der deutliche Konturen, Reinheit, Zielstrebigkeit, eine unnachgiebige Festlegung auf vollstes Bewusstsein und eine klare Identität darstellt – eine Bewusstseinsstufe, die angebracht ist für ein Universum, in dem A gleich A ist, wo dem menschlichen Bewusstsein alles offensteht und seine ständige Aufmerksamkeit verlangt.

Ein Mensch, der durch den Nebel seiner Gefühle motiviert wird und die meiste Zeit unfokussiert verbringt, wird einen verwaschenen, „mysteriösen" Stil pflegen (und darauf ansprechen), in dem Konturen verschwimmen und Entitäten ineinander übergehen, wo Worte alles an- und nichts bedeuten, wo Farben ohne Objekte und Objekte ohne Gewicht herumschweben – eine Bewusstseinsstufe, die angebracht ist für ein Universum, in dem ein A ein Nicht-A werden kann, wo nichts mit Sicherheit feststeht und vom eigenen Bewusstsein nicht viel verlangt wird.

Der Stil ist das komplexeste, das aufschlussreichste und oftmals das psychologisch rätselhafteste Element in der Kunst. Die schrecklichen inneren Konflikte, an denen Künstler so sehr (oder vielleicht noch mehr als andere) leiden, werden in ihrer Arbeit noch vergrößert. Nehmen Sie als Beispiel Salvador Dali, dessen Stil die strahlende Reinheit einer rationalen Psycho-Epistemologie darstellt, während die meisten (wenn auch nicht alle) seiner Motive eine irrationale und abstoßend böse Metaphysik darstellen. Einen ähnlichen aber weniger abstoßenden Konflikt kann man in den Gemälden von Vermeer sehen, der einen brillant reinen Stil mit der trostlosen Metaphysik des Naturalismus kombiniert. Am anderen Ende des stilistischen Kontinuums stehen die absichtlich verschwommenen und verzerrten Bilder der sogenannten „malerischen" Schule von Rembrandt an abwärts, bis hin zur Rebellion gegen das Bewusstsein durch den Kubismus, der darauf abzielt, das menschliche Bewusstsein zu zersetzen, und Objekte malt, wie der Mensch sie *nicht* wahrnimmt (aus mehreren Perspektiven gleichzeitig).

Der Stil eines Schriftstellers kann eine Mischung aus Vernunft und leidenschaftlichen Gefühlen darstellen (Victor Hugo) oder ein Chaos aus schwebenden Abstraktionen, von Gefühlen, die von der Wirklichkeit abgetrennt sind (Thomas Wolfe). Er kann die trockene, nackte, humorige Raubeinigkeit eines intelligenten Reporters darstellen (Sinclair Lewis) oder er kann diszipliniert, aufmerksam und klar sein, seine Gefühle unterdrücken und absichtlich tiefstapeln (John O'Hara). Er kann die sorgsam oberflächliche, überdetaillierte Genauigkeit eines Amoralisten haben (Flaubert) oder die gezierte Künstlichkeit eines Zweithänders (mehrere Modernisten, die keiner Erwähnung wert sind).

Stil vermittelt das, was man ein „psycho-epistemologisches Lebensgefühl" nennen könnte, d.h. einen Ausdruck jener Stufe mentaler Funktionsweise, auf der sich der Künstler am wohlsten fühlt. Dies ist der Grund, warum Stil in der Kunst so wichtig ist – sowohl für den Künstler als auch für den Leser oder den Zuschauer – und warum seine Wichtigkeit als zutiefst *persönliche* Sache empfunden wird. Für den Künstler ist er ein Ausdruck und für den Leser oder Zuschauer eine Bestätigung des eigenen Bewusstseins, d.h. von dessen Wirksamkeit, und das wiederum heißt: von seiner Selbstachtung (oder Pseudo-Selbstachtung).

Nun ein Wort der Warnung über die Kriterien ästhetischer Beurteilung. Ein Lebensgefühl ist der Ursprung der Kunst, aber es ist nicht die einzige Qualifikation eines Künstlers oder eines

Ästhetikers, und es ist kein Kriterium für ästhetische Beurteilung. Gefühle sind keine Mittel der Wahrnehmung. Ästhetik ist ein Zweig der Philosophie – und so wie ein Philosoph in keinem Zweig seiner Wissenschaft seine Gefühle zu seinem Urteilskriterium macht, so eben auch nicht in der Ästhetik. Ein Lebensgefühl ist keine hinreichende berufliche Ausstattung. Ein Ästhetiker muss so wie jeder, der versucht, Kunstwerke zu beurteilen, von mehr als nur einem Gefühl geleitet werden.

Die Tatsache, dass man der Philosophie des Künstlers zustimmt oder auch nicht, ist irrelevant für eine *ästhetische* Einschätzung seines Kunstwerks. Man muss nicht mit einem Künstler einer Meinung sein (oder ihn auch nur mögen), um sein Werk zu beurteilen. Grob gesagt ist es für eine objektive Beurteilung erforderlich, dass man das Thema des Künstlers – die abstrakte Bedeutung seines Werkes – identifiziert (und zwar ausschließlich durch die Identifikation der im Werk enthaltenen Belege ohne andere äußere Überlegungen) und dann die Mittel bewertet, mit denen er es vermittelt, d.h. man nimmt *sein* Thema als Kriterium, bewertet die rein ästhetischen Elemente des Werks, die technische Beherrschung (oder den Mangel daran), mit der er *sein* Weltbild vermittelt (oder auch nicht vermittelt).

(Die ästhetischen Prinzipien, die auf alle Kunstwerke ungeachtet der Philosophie des Künstlers anwendbar sind und die eine objektive Bewertung lenken müssen, können hier nicht behandelt werden. Ich möchte nur anmerken, dass solche Prinzipien von der Wissenschaft der Ästhetik definiert werden – eine Aufgabe, bei der die moderne Philosophie jämmerlich versagt hat.)

Da Kunst ein philosophisches Gemisch ist, ist es kein Widerspruch, wenn man sagt: „Das ist ein großes Kunstwerk, aber ich mag es nicht“ – vorausgesetzt, man definiert die genaue Bedeutung dieser Aussage: Der erste Teil bezieht sich auf eine rein ästhetische Einschätzung, der zweite auf eine tiefere philosophische Stufe, die mehr als nur ästhetische Werte einschließt.

Selbst im Bereich persönlicher Entscheidungen gibt es viele verschiedene Aspekte, anhand derer man ein Kunstwerk genießen kann – andere Aspekte als nur eine Verwandtschaft mit einem Lebensgefühl. Das eigene Lebensgefühl ist nur vollständig beteiligt, wenn man sich einem Kunstwerk zutiefst *persönlich* verbunden fühlt. Aber es gibt viele andere Zwischenstufen; die Unterschiede ähneln dem Unterschied zwischen romantischer Liebe und Zuneigung oder Freundschaft.

Zum Beispiel: Ich liebe die Werke von Victor Hugo, in einem tieferen Sinn als Bewunderung für sein überragendes literarisches Genie, und ich finde viele Ähnlichkeiten zwischen seinem Lebensgefühl und meinem, obwohl ich buchstäblich seine gesamte ausdrückliche Philosophie ablehne. Ich mag Dostojewski, weil er den Aufbau des Handlungsablaufs überragend beherrscht und wegen seiner gnadenlosen Sezierung der Psychologie des Bösen, obwohl seine Philosophie und sein Lebensgefühl fast die genauen Gegenteile der meinen sind. Ich mag die frühen Romane von Mickey Spillane wegen ihrer ausgeklügelten Handlungsabläufe und ihres moralistischen Stils, obwohl sein Lebensgefühl mit meinem in Konflikt steht und es kein ausdrücklich philosophisches Element in seiner Arbeit gibt. Ich kann Tolstoi nicht ausstehen, und ihn zu lesen war die langweiligste literarische Pflicht, die ich je abzuleisten hatte. Seine Philosophie und sein Lebensgefühl sind nicht nur falsch, sondern bösartig, und doch muss ich ihn von einem rein literarischen Standpunkt als guten Schriftsteller bewerten.

Um nun den Unterschied zwischen einem intellektuellen Ansatz und einem Lebensgefühl zu demonstrieren, möchte ich den vorherigen Absatz mit Begriffen eines Lebensgefühls ausdrücken: Hugo gibt mir das Gefühl, eine Kathedrale zu betreten. Dostojewski gibt mir das Gefühl, ein Gruselkabinett zu betreten, aber mit einem guten Führer. Spillane gibt mir das Gefühl, eine Militärkapelle in einem Park zu hören. Tolstoi gibt mir das Gefühl eines dreckigen Hinterhofs, den ich nicht betreten will.

Wenn man lernt, die Bedeutung eines Kunstwerks in objektive Begriffe zu übersetzen, entdeckt man, dass bei der Offenlegung des menschlichen Charakters nichts so mächtig ist wie die

Kunst. Ein Künstler offenbart seine nackte Seele in seinem Werk – und das, lieber Leser, tun auch Sie, wenn Sie darauf reagieren.

(März 1966)

4. Kunst und Wahrnehmung

Eine häufig gestellte Frage, die die Ästhetiker zu beantworten versäumt haben, lautet: „Welche Objekte kann man als Kunstwerke klassifizieren? Welche Kunstformen sind zulässig und warum?"

Eine Untersuchung der Hauptzweige der Kunst wird uns einen Hinweis auf die Antwort liefern.

Kunst ist eine selektive Neuerschaffung der Realität nach den metaphysischen Werturteilen des Künstlers. Das Bedürfnis des Menschen nach Kunst liegt in der Tatsache, dass sein Erkenntnisvermögen begrifflich ist, d.h. dass er Wissen durch Abstraktionen erwirbt und sich seine weitesten metaphysischen Abstraktionen in sein unmittelbares Bewusstsein rufen muss. Kunst erfüllt dieses Bedürfnis: Durch eine selektive Neuerschaffung konkretisiert sie sein fundamentales Weltbild und das Bild seiner selbst. Sie sagt dem Menschen quasi, welche Aspekte seiner Erfahrung wesentlich, bedeutsam und wichtig sind. In diesem Sinne bringt die Kunst dem Menschen bei, wie man sein Bewusstsein verwendet. Sie konditioniert oder stilisiert sein Bewusstsein, indem sie ihm eine bestimmte Sichtweise auf das Dasein vermittelt.

Sehen Sie sich unter diesen Gesichtspunkten das Wesen der wichtigsten Kunstrichtungen und die spezifischen physischen Medien an, die sie verwenden.

Literatur erschafft die Realität neu mittels Sprache, *Malerei* durch Farbe auf einer zweidimensionalen Oberfläche; *Bildhauerei* durch eine dreidimensionale Form aus festem Material. *Musik* verwendet die Geräusche, die von den periodischen Vibrationen eines Klangkörpers produziert werden, und spricht das Lebensgefühl des Menschen an. Architektur ist eine Klasse für sich, weil sie Kunst mit einem nützlichen Zweck verbindet und die Realität nicht neu erschafft, sondern ein Bauwerk für menschlichen Gebrauch schafft und seine Werte ausdrückt.

(Es gibt auch noch die aufführenden Künste, deren Medium die Person des Künstlers ist und die wir später behandeln werden.)

Sehen Sie sich nun die Beziehung dieser Künste zum menschlichen Begriffsvermögen an: Literatur behandelt den Bereich der *Begriffe* – Malerei das Gebiet des *Sehens* – Bildhauerei die Bereiche *Sehen* und *Fühlen* – Musik das Gebiet des *Hörens*. (Architektur liegt als Kunst nah an der Bildhauerei: Sie ist dreidimensional, aber übersetzt in einen größeren Maßstab.)

Die Entwicklung der menschlichen Wahrnehmung beginnt mit der Fähigkeit, *Dinge*, d.h. *Entitäten* wahrzunehmen. Von den fünf Sinnen versorgen ihn nur zwei mit einer direkten Wahrnehmung von Entitäten: das Sehen und der Tastsinn. Durch die anderen drei Sinne, Hören, Schmecken und Riechen – wird er sich einiger Eigenschaften dieser Entität bewusst (oder der Konsequenzen, die eine Entität produziert): Sie sagen ihm, dass etwas Geräusche macht, süß schmeckt oder frisch riecht; aber um dieses Etwas wahrzunehmen, braucht er sein Seh- oder Tastvermögen.

Der Begriff „Entität" ist (implizit) der Anfang der menschlichen Begriffsentwicklung und das Fundament seiner gesamten Begriffsstruktur. Durch die Wahrnehmung von Entitäten nimmt der Mensch das Universum wahr. Und um sein Weltbild zu konkretisieren, *muss er dies durch Begriffe (Sprache) oder durch seine Sinne tun, die Entitäten wahrnehmen (Sehen und Fühlen).*

Musik beschäftigt sich nicht mit Entitäten, was der Grund dafür ist, warum ihre psycho-epistemologische Funktion sich von der der anderen Künste unterscheidet, wie wir später sehen werden.

Die Beziehung von Literatur zum Begriffsvermögen ist offensichtlich: Literatur erschafft die Realität neu durch Worte, d.h. durch *Begriffe*. Aber um die Realität neu zu erschaffen, muss die Literatur die sinnlich-wahrnehmende Stufe des Bewusstseins begrifflich vermitteln: die Realität von konkreten, individuellen Menschen und Ereignissen, von spezifischen Bildern, Geräuschen, Texturen usw.

Die sogenannten bildenden Künste (Malerei, Bildhauerei, Architektur) produzieren konkrete, wahrnehmbare Entitäten und vermitteln eine abstrakte, begriffliche Bedeutung.

All diese Künste sind im Wesentlichen *begrifflich*, alle sind Produkte der begrifflichen Stufe des menschlichen Bewusstseins und zielen darauf ab, unterscheiden sich aber nur in den jeweiligen Mitteln. Literatur beginnt mit Begriffen und integriert sie in Wahrnehmungen – Malerei, Bildhauerei und Architektur beginnen mit Wahrnehmungen und integrieren sie in Begriffe. Die letztendliche psycho-epistemologische Funktion ist dieselbe: ein Prozess, der die Formen der Wahrnehmung integriert, das Bewusstsein vereint und das Verständnis der Realität veranschaulicht.

Die bildenden Künste beschäftigen sich nicht mit dem sinnlichen Bereich der Wahrnehmung an sich, sondern mit dem *sinnlichen Bereich, wie ein begriffliches Bewusstsein ihn wahrnimmt.*

Das sinnlich-wahrnehmende Bewusstsein eines Erwachsenen besteht nicht aus bloßen Sinnesdaten (wie bei einem Säugling), sondern aus automatisierten Integrationen, die Sinnesdaten mit einem enormen Kontext aus begrifflichem Wissen kombinieren. Die bildenden Künste veredeln und lenken die sinnlichen Elemente dieser Integrationen. Durch Selektivität, Betonung und Auslassung lenken diese Künste das Sehvermögen zu dem vom Künstler beabsichtigten begrifflichen Kontext. Sie lehren dem Menschen, noch genauer zu sehen und eine tiefere Bedeutung in seinem Blickfeld zu entdecken.

Es gibt eine weit verbreitete Erfahrung, dass ein bestimmtes Gemälde, z.B. ein Stillleben mit Äpfeln, sein Motiv „wirklicher als die Wirklichkeit“ macht. Die Äpfel erscheinen strahlender und fester, sie scheinen eine beinahe selbstbewusste Eigenschaft zu haben, eine gewisse überhöhte Realität, die weder ihre Vorbilder noch Photographien davon haben. Aber wenn man sie genauer untersucht, sieht man, dass kein echter Apfel jemals so ausgesehen hat. Was hat der Künstler also gemacht? Er hat eine *visuelle Abstraktion* geschaffen.

Er hat einen Prozess der Begriffsbildung, der Isolation und Integration ausgeführt, aber in ausschließlich visueller Art und Weise. Er hat die *wesentlichen*, charakteristischen Merkmale von Äpfeln isoliert und sie in eine einzige visuelle Einheit integriert. Er hat die begriffliche Funktionsmethode auf ein einzelnes Sinnesorgan angewendet – das Sehorgan.

Niemand kann buchstäblich und unterschiedslos jedes zufällige, bedeutungslose Detail jedes Apfels wahrnehmen; jeder nimmt nur einige Aspekte wahr, die nicht zwangsläufig die wesentlichen sind; die meisten Menschen tragen in ihrem Kopf eine ungefähre Annäherung an das Aussehen eines Apfels herum. Das Gemälde konkretisiert dieses Bild durch visuelle Kernpunkte, die die meisten Menschen nicht identifiziert haben, aber sofort erkennen. Sie fühlen in etwa: „Ja, so sieht ein Apfel für mich aus!“ Tatsächlich hat ein Apfel für sie nie so ausgesehen – nur für das selektiv fokussierte Auge eines Künstlers. Aber psycho-epistemologisch ist ihr Gefühl von überdeutlicher Wirklichkeit keine Illusion: Es kommt aus der größeren Deutlichkeit, die der Künstler ihrem mentalen Bild verliehen hat. Das Gemälde hat die Summe ihrer zahllosen zufälligen Eindrücke integriert und somit Ordnung in das visuelle Feld ihrer Erfahrung gebracht.

Wenden Sie diesen Prozess auf Gemälde mit komplexeren Motiven an – Landschaften, Städte, Menschen, Gesichter – und Sie werden die psycho-epistemologische Macht sehen, die die Malerei hat.

Je näher ein Künstler an eine begriffliche visuelle Funktionsmethode herankommt, desto großartiger ist sein Werk. Der größte aller Künstler, Vermeer, widmete seine Gemälde einem einzigen Motiv: dem Licht selbst. Das Leitprinzip seiner Kompositionen lautet: die *kontextuelle* Natur unserer Wahrnehmung des Lichts (und der Farbe). Die physischen Objekte in seinen Bildern sind so ausgewählt und platziert, dass ihre kombinierten Zwischenbeziehungen die hellsten und manchmal geradewegs blendenden Lichtstrahlen zeigen und möglich machen, die niemand zuvor und seitdem so eingefangen hat.

(Vergleichen Sie den strahlenden Ernst von Vermeer mit der Albernheit der Impressionisten mit ihren Punkten und Strichen, die angeblich reines Licht malen wollen. Er erhöhte Wahrnehmungen auf die begriffliche Stufe; sie versuchten, Wahrnehmungen in Sinnesdaten aufzulösen.)

Man würde sich wünschen, dass Vermeer bessere Motive für sein Thema gewählt hätte, aber für ihn waren die Motive anscheinend nur das Mittel zum Zweck. Was sein *Stil* darstellt, ist ein konkretisiertes Bild einer immensen, nichtvisuellen Abstraktion: die Psycho-Epistemologie eines rationalen Verstandes. Sie zeigt Reinheit, Disziplin, Selbstvertrauen, Zielstrebigkeit, Kraft – ein für den Menschen offenes Universum. Wenn man sich ein Bild von Vermeer ansieht und fühlt „So sehe *ich* das Leben", enthält das Gefühl viel mehr als bloße visuelle Wahrnehmung.

Wie ich in „Kunst und Lebensgefühl" bemerkt habe, sind alle anderen Elemente der Malerei wie z.B. Thema, Motiv und Komposition bei der Darstellung des Weltbilds eines Künstlers beteiligt, aber für unsere Abhandlung ist Stil das wichtigste Element: Er demonstriert, in welcher Weise eine auf eine einzige Sinnesmodalität beschränkte Kunst, die nur visuelle Mittel verwendet, die Gesamtsumme des menschlichen Bewusstseins beeinflussen kann.

In diesem Zusammenhang möchte ich ohne weiteren Kommentar ein persönliches Erlebnis anführen. Im Alter von 16 Jahren nahm ich an einem Zeichenkurs teil. Der Lehrer war ein Mann, der (damals in Russland) ein großer Künstler hätte werden können, falls er überlebt hat, was ich bezweifle; seine Gemälde waren bereits damals herrlich. Er verbot uns, jemals eine gewölbte Linie zu zeichnen: Er sagte uns, dass jede Kurve in Facetten von sich überschneidenden Geraden aufgebrochen werden müsste. Ich war in seinen Stil verliebt und bin es noch heute. Heute kenne ich den Grund dafür. Was ich damals fühlte (und heute noch fühle) war nicht: „Das ist für mich", sondern: „Das *bin* ich".

Verglichen mit Malerei ist Bildhauerei eine beschränktere Kunstform. Sie drückt das Weltbild eines Künstlers durch seine

Beschäftigung mit der menschlichen Gestalt aus, ist aber auf die menschliche Gestalt beschränkt. (Eine Abhandlung über Bildhauerei finden sie in „Metaphysics in Marble“ von Mary Ann Sures, *The Objectivist*, Februar-März 1969.)

Bildhauerei beschäftigt sich mit zwei Sinnen, Sehen und Fühlen, und ist beschränkt durch die Notwendigkeit, eine dreidimensionale Form darzustellen, wie der Mensch sie *nicht* wahrnimmt: ohne Farbe. Visuell stellt Bildhauerei Gestalt als Abstraktion dar; aber der Tastsinn ist ein ziemlich begrenzter Sinn und beschränkt Bildhauerei auf konkrete Entitäten. Von diesen kann nur die menschliche Gestalt eine metaphysische Bedeutung haben. Man kann mit der Statue eines Tieres oder eines leblosen Objekts nur sehr wenig ausdrücken.

Psycho-epistemologisch machen die Erfordernisse des Tastsinns die Textur eines menschlichen Körpers zu einem entscheidenden Element in der Bildhauerei und gewissermaßen zum Aushängeschild eines großen Bildhauers. Sehen Sie sich an, wie der starre Marmor von Statuen wie der Venus von Milo oder Michelangelos Pietà die Weichheit, die Glätte und die Anschmiegsamkeit der Haut darstellt.

Es ist bemerkenswert, dass die Bildhauerei heute fast tot ist. Ihren Höhepunkt hatte sie im antiken Griechenland, dessen Zivilisation sich philosophisch gesehen um den Menschen drehte. Eine Wiedergeburt ist zwar möglich, aber die Zukunft der Bildhauerei hängt zum großen Teil von der Zukunft der Architektur ab. Diese beiden Künste sind eng miteinander verwandt; eines der Probleme der Bildhauerei liegt in der Tatsache, dass eine ihrer wirkungsvollsten Funktionen die Ornamentierung von Architektur ist.

Ich werde Architektur hier nicht behandeln – ich nehme an, dass Sie wissen, auf welches Buch ich Sie verweise.

Dies bringt uns zum Thema Musik.

Der fundamentale Unterschied zwischen Musik und den anderen Künsten liegt in der Tatsache, dass Musik wahrgenommen wird, als würde sie den normalen psycho-epistemologischen Prozess umkehren.

Die anderen Künste erschaffen ein physisches Objekt (d.h. ein von den Sinnen wahrgenommenes Objekt, sei es ein Buch oder ein Gemälde), und der psycho-epistemologische Prozess geht von der Wahrnehmung des Objekts zum begrifflichen Verständnis seiner Bedeutung über eine Einschätzung nach den eigenen Grundwerten bis zu der daraus folgenden Emotion. Das Muster lautet: von Wahrnehmung – zu begrifflichem Verständnis – zu Einschätzung – zu Gefühl.

Das Muster bei der Wahrnehmung von Musik lautet: von Wahrnehmung – zu Gefühl – zu Einschätzung – zu begrifflichem Verständnis.

Musik wird wahrgenommen, als ob sie die Macht hätte, unsere Gefühle direkt zu erreichen.

Wie bei allen existentiellen oder ästhetischen Gefühlen sind die in der Reaktion auf Musik beteiligten psycho-epistemologischen Prozesse automatisiert und werden als einzige, unmittelbare Reaktion wahrgenommen, die schneller abläuft, als man ihre Komponenten identifizieren kann.

Es ist (bis zu einem bestimmten Punkt) möglich, introspektiv festzustellen, was der eigene Geist tut, während man Musik hört: Sie bringt unterbewusstes Material hervor – Bilder, Handlungen, Szenen, wirkliche oder imaginäre Erlebnisse –, das in kurzen, zufälligen Bruchstücken wahl- und richtungslos zu fließen scheint, verschmilzt, sich verändert und dann verschwindet wie ein Traum. Tatsächlich aber ist dieser Fluss selektiv und konsistent: Die emotionale Bedeutung des unterbewussten Materials entspricht den von der Musik vermittelten Gefühlen.

Unterbewusst (d.h. implizit) weiß der Mensch, dass er kein wirklich grundloses und objektloses Gefühl haben kann. Wenn Musik einen emotionalen Zustand ohne externes Objekt induziert, suggeriert sein Unterbewusstsein ein internes. Der Prozess ist wortlos und wird quasi von den Worten gelenkt: „So würde ich mich fühlen, wenn … ich an einem Frühlingsmorgen in einem schönen Garten wäre … wenn ich die Frau sähe, die ich liebe … wenn ich gegen einen Sturm auf See kämpfen würde … wenn ich einen abbröckelnden Berggrat erklimmen würde …

wenn ich auf den Barrikaden stünde … wenn ich die Spitze dieses Berges erreicht hätte … wenn ich im Sonnenlicht stünde … wenn ich dieses Hindernis überwunden hätte, wie ich es heute getan habe … wie ich es morgen tun werde …“

Beachten Sie drei Aspekte dieses Phänomens: 1. Es wird induziert, indem man seine bewussten Gedanken absichtlich aussetzt und sich der Lenkung durch seine Gefühle hingibt. 2. Das unterbewusste Material muss fließen, weil kein einzelnes Bild die Bedeutung der Musik fassen kann. Der Geist braucht eine Bilderfolge, er sucht nach dem, was sie gemeinsam haben, d.h. nach einer emotionalen *Abstraktion.* 3. Der Prozess der emotionalen Abstraktion – d.h. der Prozess, Dinge nach den Emotionen zu klassifizieren, die sie hervorbringen – ist der Prozess, mit dem man sein Lebensgefühl gebildet hat.

Ein Lebensgefühl ist ein vor-begriffliches Äquivalent von Metaphysik, eine emotionale, unterbewusst integrierte Einschätzung des Menschen und des Daseins. Der Mensch reagiert auf Musik hinsichtlich seiner fundamentalen Gefühle, d.h. der Gefühle, die seine eigenen metaphysischen Werturteile produziert haben.

Musik kann keine Geschichte erzählen, sich nicht mit Einzeldingen befassen und keine spezifischen existentiellen Phänomene vermitteln, wie z.B. eine friedliche Landschaft oder eine stürmische See. Das Thema einer Komposition mit Namen „Frühlingslied“ ist nicht Frühling, sondern die *Gefühle*, die Frühling im Komponisten auslöst. Selbst Begriffe, die intellektuell zu einer komplexen Abstraktionsstufe gehören wie z.B. „Frieden“, „Revolution“ oder „Religion“ sind zu spezifisch, zu *konkret*, um musikalisch ausgedrückt zu werden. Musik kann bei solchen Themen nur die Gefühle von Gelassenheit, Trotz oder Erhebung vermitteln. Liszts „St. Franziskus über das Wasser schreitend“ wurde inspiriert von einer bestimmten Legende und vermittelt einen leidenschaftlichen Kampf und Triumph – von wem und wofür muss jeder individuelle Zuhörer selbst bestimmen.

Musik vermittelt Emotionen, die man begreift, aber nicht wirklich fühlt; man fühlt eine Ahnung, eine gewisse ferne, dissoziierte, unpersönliche Emotion, bis man sie mit dem eigenen Lebensgefühl vereint. Aber da der emotionale Inhalt der Musik nicht begrifflich vermittelt oder existentiell wachgerufen wird, fühlt man ihn auf eine seltsam unbestimmte Art.

Musik vermittelt Zuhörern mit weit abweichenden Weltbildern die gleichen Gefühlskategorien. In der Regel sind Menschen einer Meinung, ob ein bestimmtes Musikstück fröhlich oder traurig oder feierlich ist. Aber selbst wenn sie generell die gleichen Gefühle in Bezug auf die gleiche Musik haben, gibt es radikale Unterschiede in ihrer *Einschätzung* – d.h. darin, was sie bezüglich dieser Gefühle fühlen.

Bei verschiedenen Gelegenheiten machte ich folgendes Experiment: Ich bat eine Gruppe von Gästen, sich eine bestimmte Aufnahme anzuhören und dann zu beschreiben, welches Bild oder welche Tat oder Begebenheit sie spontan in ihnen hervorrief, ohne bewusste Überlegung oder Gedanken. Die resultierenden Beschreibungen variierten in den Details, in Deutlichkeit und Farbigkeit, aber alle hatten die gleiche Emotion begriffen – mit vielsagenden Unterschieden in der Einschätzung. Es gab z.B. ein Kontinuum von gemischten Antworten zwischen zwei Extremen, die in etwa lauteten: „Ich fühlte mich erhaben, weil diese Musik so unbeschwert und fröhlich ist" und „Ich war irritiert, weil diese Musik so unbeschwert fröhlich und daher oberflächlich ist."

Psycho-epistemologisch scheint das Muster der Reaktion auf Musik wie folgt abzulaufen: Man nimmt die Musik wahr, begreift die Anregung eines bestimmten emotionalen Zustands und schätzt diesen Zustand mit seinem Lebensgefühl als Kriterium als erfreulich oder schmerzhaft, als wünschenswert oder unerwünscht, als bedeutsam oder nebensächlich ein, je nachdem, ob es dem eigenen fundamentalen Lebensgefühl entspricht oder nicht.

Wenn die von der Musik dargestellte emotionale Abstraktion dem eigenen Lebensgefühl entspricht, bekommt sie eine volle, leuchtende, fast schmerzhafte Realität – und man fühlt mit größerer Intensität, als man es gegenüber wirklichen Dingen tun würde. Wenn die von der Musik dargestellte Abstraktion für das eigene Lebensgefühl irrelevant ist oder ihm widerspricht, fühlt man nur ein gewisses Unbehagen, Verachtung oder eine enervierende Langeweile.

Ich habe mehrfach Personen gesehen, die über einen gewissen Zeitraum eine bedeutende Veränderung in ihrem fundamentalen Weltbild durchgemacht haben (manche haben es verbessert, andere verschlechtert). Ihre musikalischen Vorlieben änderten sich dementsprechend; die Veränderung war allmählich, automatisch und unterbewusst, ohne eine Entscheidung oder bewusste Absicht ihrerseits.

Es muss betont werden, dass das Muster *nicht* so holzschnittartig ist, dass man fröhliche Musik trauriger vorzieht oder umgekehrt, je nach einem Weltbild, das „wohlwollend" oder „böswillig" ist. Die Frage ist viel komplexer und viel spezifischer *musikalisch* als das: nicht bloß, *welche* spezielle Emotion eine bestimmte Komposition vermittelt, sondern *wie* sie es tut, mit welchen musikalischen Mitteln oder mit welcher Methode. (Ich mag z.B. eine bestimmte Art von Operetten, aber ich mag einen Trauermarsch zehn Mal lieber als den „Donauwalzer" oder Nelson Eddy/Jeanette MacDonald.)

Genau wie bei jeder anderen Kunst und jedem menschlichen Produkt folgte die historische Entwicklung der Musik der Entwicklung in der Philosophie. Aber die Unterschiede in der von den verschiedenen Kulturen in den verschiedenen historischen Perioden produzierte Musik gehen tiefer als die in den anderen Künsten (selbst die verwendeten Klänge und Tonarten sind unterschiedlich). Menschen aus westlichen Kulturen können orientalische Malerei verstehen und genießen, aber orientalische Musik ist für sie unverständlich, ruft nichts hervor und klingt wie Lärm. In dieser Hinsicht ähneln die Unterschiede in der Musik aus verschiedenen Kulturen den Unterschieden in der Sprache; eine Fremdsprache ist für Ausländer unverständlich. Aber Sprache drückt Begriffe aus, und unterschiedliche Sprachen können in andere übersetzt werden; verschiedene Musikarten nicht. Es gibt kein gemeinsames Musikvokabular (nicht einmal unter den individuellen Mitgliedern derselben Kultur). Musik vermittelt Gefühle – und es ist höchst zweifelhaft, ob die Musik aus verschiedenen Kulturen die gleichen Gefühle vermittelt. Die menschliche Fähigkeit, zu fühlen, ist universell, aber das wirkliche Empfinden von bestimmten Gefühlen nicht: Das Empfinden bestimmter Lebensgefühl-Emotionen schließt das Empfinden bestimmter anderer Gefühle aus.

Dies bringt uns zu der großen unbeantworteten Frage: *Warum bewirkt Musik, dass wir bestimmte Gefühle haben?*

In den anderen Künsten, deren Werke durch den normalen kognitiven Prozess wahrgenommen werden, kann man die Antwort durch eine begriffliche Analyse seines Wesens und seiner Bedeutung im Werk selbst finden; man kann ein gemeinsames Vokabular und ein objektives Kriterium zur ästhetischen Einschätzung aufstellen. Es gibt zurzeit kein solches Vokabular oder Kriterium im Bereich der Musik – weder zwischen unterschiedlichen Kulturen noch innerhalb der gleichen.

Es ist offensichtlich, dass die Antwort in der Natur des Werks liegt, da eben das Werk die Gefühle auslöst. Aber wie geschieht das? Warum produziert eine Abfolge von Tönen eine emotionale Reaktion beim Menschen? Warum sind seine tiefsten Gefühle und wichtigsten metaphysischen Werte daran beteiligt? Was macht eine bestimmte Kombination von Tönen mit dem menschlichen Bewusstsein, dass man sie als fröhlich oder traurig identifiziert?

Niemand hat darauf eine Antwort – und ich auch nicht. Diese Antworten bedingen die Formulierung eines gemeinsamen Musikvokabulars. Dazu wären erforderlich: eine Übersetzung des musikalischen (inneren) Erlebens in *Begriffe*; eine Erklärung, warum bestimmte Töne uns auf bestimmte Weise anrühren; eine Definition der Axiome musikalischer Wahrnehmung, von der die dazugehörigen ästhetischen Prinzipien abgeleitet werden könnten und die als Basis für die objektive Validierung ästhetischer Urteile dienen könnten.

Dies bedeutet, dass wir eine klare, begriffliche Unterscheidung und Teilung von Objekt und Subjekt im Feld musikalischer Wahrnehmung brauchen, wie wir es in den anderen Künsten und dem größeren Bereich unseres Begriffsvermögens haben. Eine begriffliche Erkenntnis bedingt diese Teilung: Bis der Mensch seine inneren Prozesse nicht von den Tatsachen unterscheiden kann, die er wahrnimmt, bleibt er auf der wahrnehmenden Bewusstseinsstufe. Ein Tier und ein kleines Kind können solch einen Unterschied nicht begreifen. Der Mensch hat das in Bezug auf seine anderen Sinne und die anderen Künste begriffen; er kann sagen, ob ein verschwommenes Bild von dichtem Nebel oder von seiner Kurzsichtigkeit kommt. Nur im Bereich der *musikalischen* Wahrnehmung steckt der Mensch noch in seinen Kinderschuhen.

Wenn er Musik hört, kann der Mensch weder anderen noch sich selbst sagen, welche Aspekte seiner Empfindung in der Musik liegen und welche von seinem eigenen Bewusstsein stammen und kann es daher auch nicht beweisen. Er empfindet sie als ein unteilbares Ganzes, als ob die herrliche Erhebung dort in der Musik stecke – und er ist hilflos erstaunt, dass einige Menschen sie empfinden und andere nicht. Hinsichtlich des Wesens der Musik befindet sich die Menschheit noch auf der wahrnehmenden Bewusstseinsstufe.

Bis ein begriffliches Vokabular entdeckt und definiert wird, *ist kein objektiv gültiges Kriterium für ästhetische Beurteilung im Bereich der Musik möglich.* (Es gibt bestimmte technische Kriterien, die sich hauptsächlich mit der Komplexität harmonischer Strukturen befassen, aber diese sind kein Kriterium für die Identifizierung des Inhalts, d.h. der emotionalen Bedeutung eines bestimmten Musikstücks, die somit die ästhetische Objektivität einer bestimmten Reaktion nachweisen könnten.)

Gegenwärtig ist unser Verständnis von Musik auf das Sammeln von Material begrenzt, d.h. auf die Stufe beschreibender Beobachtungen. Bis es auf die Stufe der Begriffsbildung gebracht wird, müssen wir musikalische Geschmäcker oder Vorlieben als subjektive Sache behandeln – nicht im metaphysischen, sondern im erkenntnistheoretischen Sinne, d.h. nicht im Sinne, dass diese Vorlieben tatsächlich grundlos und willkürlich sind, sondern in dem Sinne, dass wir ihre Ursache nicht kennen. Niemand kann daher die *objektive* Überlegenheit seiner Vorlieben beanspruchen. Wo es keinen objektiven Beweis gibt, steht jeder für sich selbst – und nur für sich selbst.

Das Wesen musikalischer Wahrnehmung ist noch nicht entdeckt worden, weil der Schlüssel zum Geheimnis der Musik physiologisch ist: Er liegt im Wesen des Prozesses, mit dem der Mensch Töne wahrnimmt – und für die Antwort wäre eine Gemeinschaftsarbeit eines Physiologen, eines Psychologen und eines Philosophen (eines Ästhetikers) erforderlich.

Der Beginn eines wissenschaftlichen Ansatzes zu diesem Problem und die Spur zu einer Antwort stammen von Hermann von Helmholtz, dem großen Physiologen des 19. Jahrhunderts. Er beendet sein Buch *Die Lehre von den Tonempfindungen als physiologische Grundlage für die Theorie der Musik* mit der folgenden Aussage: „Ich schliesse hiermit meine Arbeit. So viel ich übersehe, habe ich sie so weit fortgeführt, als die physiologischen Eigenthümlichkeiten der Gehörempfindung einen directen Einfluss auf die Construction des musikalischen Systems ausüben, so weit als die Arbeit hauptsächlich einem Naturforscher zufallen musste … Die eigentliche Schwierigkeit wird in der Verwickelung der psychischen Motive liegen, die sich hier geltend machen. Freilich beginnt auch hier erst der interessantere Theil der musikalischen Aesthetik – handelt es sich doch darum, schliesslich die Wunder der grossen Kunstwerke zu erklären, die Aeusserungen und Bewegungen der verschiedenen Seelenstimmungen kennen zu lernen. So lockend aber auch das Ziel sein möge, ziehe ich es doch vor, diese Untersuchungen, in denen ich mich zu sehr als Dilettant fühlen würde, Anderen zu überlassen, und selbst auf dem Boden der Naturforschung, an den ich gewöhnt bin, stehen zu bleiben." (Vieweg, Braunschweig 1863, S. 560.)

Meines Wissens hat niemand versucht, diese Untersuchungen durchzuführen. Der Kontext und das schrumpfende Gesichtsfeld der modernen Psychologie und Philosophie machen ein solches Unternehmen unmöglich.

Vom Standpunkt der Psycho-Epistemologie kann ich eine Hypothese über das Wesen der menschlichen Reaktion auf Musik anbieten, bitte den Leser aber daran zu denken, dass es nur eine Hypothese ist.

Wenn man ein Gefühl ohne existentielles Objekt empfindet, dann ist das einzig mögliche Objekt der Zustand oder die Handlungen des eigenen Unterbewusstseins. Welche geistige Handlung ist bei der Wahrnehmung von Musik beteiligt? (Ich beziehe mich hier nicht auf die emotionale Reaktion, die die Konsequenz ist, sondern auf den Wahrnehmungsprozess.)

Wir müssen daran denken, dass Integration eine der Hauptfunktionen des menschlichen Bewusstseins auf allen Stufen seiner kognitiven Entwicklung ist. Zuerst bringt sein Gehirn Ordnung in sein Sinneschaos, indem es Sinnesdaten in Wahrnehmungen integriert; diese Integration geschieht automatisch; sie erfordert Mühe, aber keine bewusste Willensanstrengung. Sein nächster Schritt ist die Integration von Wahrnehmungen in Begriffe, wenn er Sprechen lernt. Danach besteht seine kognitive Entwicklung aus der Integration von Begriffen in umfassendere und immer umfassendere Begriffe, die seinen Geistesumfang erweitern. Diese Stufe ist willentlich und verlangt unablässige Anstrengung. Die automatischen Prozesse der *Sinnesintegration* werden im Säuglingsalter abgeschlossen und sind dem Erwachsenen verschlossen.

Die einzige Ausnahme findet sich im Bereich der von periodischen Vibrationen verursachten Klänge, d.h. der Musik.

Die von nichtperiodischen Vibrationen verursachten Klänge sind Lärm. Man kann eine Stunde, einen Tag oder ein Jahr Lärm hören und er bleibt Lärm. Aber musikalische Töne in einer bestimmten Abfolge produzieren ein anderes Resultat – das menschliche Ohr und Gehirn integrieren sie in eine neue kognitive Erfahrung – in etwas, was man eine auditive Entität nennen könnte: eine Melodie. Die Integration ist ein psychologischer Prozess; er wird unbewusst und automatisch ausgeübt.

Der Mensch ist sich dieses Prozesses nur durch seine Resultate bewusst.

Helmholtz hat bewiesen, dass der Kern musikalischer Wahrnehmung mathematisch ist: Die Konsonanz oder Dissonanz von Harmonien hängt vom Verhältnis der Frequenzen ihrer Töne ab. Das Gehirn kann z.B. ein Verhältnis von eins zu zwei integrieren, aber nicht von acht zu neun. (Dies bedeutet nicht, dass Dissonanzen nicht integriert werden können; im richtigen musikalischen Kontext geht es.)

Helmholtz befasste sich hauptsächlich mit gleichzeitig gehörten Tönen. Aber dieser Beweis zeigt die Möglichkeit auf, dass die gleichen Prinzipien für den Prozess des Hörens und Integrierens einer Abfolge von Tönen, d.h. für eine Melodie gelten – und dass die psycho-epistemologische Bedeutung einer bestimmten Komposition in der Anstrengung liegt, die vom Ohr und Gehirn des Zuhörers verlangt wird.

Eine Komposition kann die aktive Aufmerksamkeit verlangen, die man zum Lösen von komplexen mathematischen Beziehungen braucht – oder sie kann das Gehirn durch monotone Einfachheit abtöten. Sie kann einen Prozess verlangen, eine integrierte Summe zu bilden – oder sie kann den Integrationsprozess in eine willkürliche Serie von Bruchstücken aufbrechen – oder sie kann den Prozess durch ein Durcheinander von Geräuschen, die mathematisch-physiologisch unmöglich zu integrieren sind und sich somit in Lärm verwandeln, auslöschen.

Der Zuhörer wird sich dieses Prozesses durch ein Gefühl der Wirksamkeit, der Anstrengung, der Langeweile oder der Frustration bewusst. Seine Reaktion wird bestimmt durch sein *psycho-epistemologisches* Lebensgefühl, d.h. durch die kognitive Funktionsstufe, auf der er sich zu Hause fühlt.

Wer einen aktiven Verstand hat, für den ist geistige Anstrengung erkenntnistheoretisch gesehen eine aufregende Herausforderung; metaphysisch gesehen sucht er Verständlichkeit. Er wird Musik genießen, für die ein Prozess komplexer Berechnungen und erfolgreicher Auflösung erforderlich ist. (Ich meine nicht bloß die Komplexitäten von Harmonie und Besetzung, sondern primär die Komplexität der Melodie, von der sie abhängen.) Er wird von einem zu leichten Integrationsprozess gelangweilt sein – wie ein Experte in höherer Mathematik, der Rechenaufgaben aus der 1. Klasse lösen soll. Er wird eine Mischung aus Langeweile und Verachtung fühlen, wenn er nur eine Abfolge von Geräuschen hört, mit denen sein Gehirn nichts anfangen kann. Er wird Zorn, Ekel und Empörung fühlen, wenn er zerstückelte musikalische Geräusche hört; er wird das Gefühl haben, dass dies ein Versuch ist, das Integrationsvermögen seines Geistes zu zerstören.

Wer gemischte kognitive Angewohnheiten hat, hat erkenntnistheoretisch ein begrenztes Interesse an geistiger Anstrengung und toleriert metaphysisch gesehen eine Menge Nebel in seinem Wahrnehmungsfeld. Er wird es als Belastung empfinden, wenn er anspruchsvollere Musik hört, wird aber einfachere Musik genießen. Vielleicht mag er (wenn er prätentiös ist) die zufällige Ansammlung von Geräuschen oder kann sogar (wenn er lethargisch genug ist) auf die zerstückelte Musik konditioniert werden.

Es mag andere Reaktionen geben, je nach den vielen unterschiedlichen Aspekten musikalischer Kompositionen und den vielen Varianten kognitiver Angewohnheiten. Diese Beispiele sollen nur das hypothetische Muster der menschlichen Reaktionen auf Musik andeuten.

Musik gibt dem menschlichen Bewusstsein die gleiche Erfahrung wie die anderen Künste: eine Konkretisierung seines Lebensgefühls. Aber die konkretisierte Abstraktion ist primär erkenntnistheoretisch und nicht metaphysisch, d.h. seine kognitive Funktionsmethode, die er in der konkreten Form eines spezifischen Musikstücks erfährt. Ob jemand diese Musik gut oder schlecht findet, hängt davon ab, ob sie mit seiner mentalen Funktionsweise übereinstimmt oder ihr widerspricht. Der metaphysische Aspekt dieser Erfahrung ist das Gefühl einer Welt, die er verstehen kann.

Musik ist das einzige Phänomen, mit dem ein Erwachsener den Prozess der reinen Sinnesdaten erleben kann. Einzelne Töne sind nicht Wahrnehmungen, sondern reine Sinnesdaten; sie werden nur zu Wahrnehmungen, wenn sie integriert werden. Sinnesdaten sind für den Menschen der erste Kontakt mit der Wirklichkeit; wenn sie in Wahrnehmungen integriert werden, sind sie das Gegebene, das Selbstverständliche, das Unbezweifelbare. Musik bietet dem Menschen die einzigartige Gelegenheit, den primären Prozess seiner Wahrnehmungsmethode zu wiederholen: die automatische Integration von Sinnesdaten in eine verständliche, sinnvolle Entität. Für ein begriffliches Bewusstsein ist dies eine einzigartige Form der Entspannung und Belohnung.

Begriffliche Integrationen benötigen ständige Anstrengung und erlegen eine dauernde Verantwortung auf: Sie beinhalten das Risiko von Irrtum und Scheitern. Der Prozess musikalischer Integration ist automatisch und mühelos. (Er wird als mühelos wahrgenommen, da er unbewusst ist; er macht sich die mentalen Angewohnheiten zu Nutze, für die man bereits Aufwand betrieben hat.) Die Reaktion auf Musik erscheint einem absolut gewiss, als ob sie einfach, selbstverständlich und unbezweifelbar wäre; sie enthält die Werte und das tiefste Gefühl von sich selbst – sie wird als magische Vereinigung von Gefühlen und Gedanken erlebt, als ob das Denken die unmittelbare Gewissheit direkter Wahrnehmung hätte.

(Daher kommt all das mystische Geschrei über den „spirituellen“ oder übernatürlichen Charakter der Musik. Der Mystizismus, der ewige Schmarotzer, nimmt hier ein Phänomen in Besitz, das ein Produkt der Einheit, nicht der Dichotomie, von Körper und Geist ist: Es ist teils physiologisch, teils intellektuell.)

In Bezug auf die Beziehung von Musik zu Stimmungen weist Helmholtz bei der Behandlung des Unterschieds zwischen den Dur- und Molltonarten auf Folgendes hin: „Das Dursystem ist für alle fertigen, in sich klaren Stimmungen gut geeignet, für kräftig entschlossene, wie sanfte oder süsse, selbst für trauernde, wenn die Trauer in den Zustand schwärmerischer weicher Sehnsucht übergegangen ist. Aber es passt durchaus nicht für unklare, trübe, unfertige Stimmungen oder für den Ausdruck des Unheimlichen, des Wüsten, Räthselhaften oder Mystischen, des Rohen, der künstlerischen Schönheit Widerstrebenden, und gerade für solche brauchen wir das Mollsystem mit seinen verschleierten Wohlklängen, seiner veränderlichen Tonleiter, seinen leicht ausweichenden Modulationen, und dem weniger deutlich in das Gehör fallenden Princip seines Baues. Das Dursystem würde eine unpassende Form für solchen Ausdruck sein, und deshalb hat das Mollsystem neben ihm seine volle künstlerische Berechtigung." (*Die Lehre von den Tonempfindungen*, S. 463.)

Meine Hypothese würde erklären, warum Menschen den gleichen emotionalen Inhalt in einem bestimmten Musikstück hören, auch wenn ihre Bewertungen unterschiedlich ausfallen. Kognitive Prozesse beeinflussen die Emotionen, die den Körper beeinflussen, und dieser Einfluss ist reziprok. Zum Beispiel bringt die erfolgreiche Lösung eines intellektuellen Problems eine freudige, triumphale Stimmung; ein Problem nicht lösen zu können, schafft eine schmerzliche Stimmung der Niedergeschlagenheit oder Entmutigung. Und umgekehrt schärft, beschwingt und aktiviert eine freudige Stimmung den Geist; eine traurige Stimmung vertrübt, belastet und verlangsamt den Geist. Sehen Sie sich die melodischen und rhythmischen Eigenschaften von Musik an, die wir als fröhlich oder traurig ansehen. Wenn ein bestimmter Prozess musikalischer Integration den kognitiven Prozessen ähnelt, die einen bestimmten emotionalen Zustand produzieren und/oder begleiten, wird man sie zuerst physiologisch und dann intellektuell erkennen. Ob man diesen bestimmten emotionalen Zustand hinnimmt und vollständig empfindet, hängt von der Einschätzung seiner Wichtigkeit durch das eigene Lebensgefühl ab.

Der erkenntnistheoretische Aspekt von Musik ist der fundamentale, aber nicht der ausschließliche Faktor bei der Bestimmung der eigenen musikalischen Vorlieben. In den allgemeinen Kategorien von Musik ähnlicher Komplexität repräsentiert das emotionale Element den *metaphysischen* Aspekt, der den Genuss kontrolliert. Hier geht es nicht nur darum, dass man erfolgreich wahrnehmen, d.h. eine Serie von Geräuschen in eine musikalische Entität integrieren kann, sondern auch darum, welche Art von Entität man wahrnimmt. Der Integrationsprozess repräsentiert die konkretisierte Abstraktion des eigenen Bewusstseins, das Wesen der Musik repräsentiert die konkretisierte Abstraktion des Daseins, d.h. eine Welt, in der man sich fröhlich, traurig, triumphal, resigniert usw. fühlt. Je nach dem eigenen Lebensgefühl fühlt man: „Ja, *das* ist *meine* Welt und genau so sollte ich mich fühlen!“ oder „Nein, das ist nicht die Welt, wie ich sie sehe.“ (Wie in den anderen Künsten kann man den ästhetischen Wert einer bestimmten Komposition erkennen, ohne sie zu mögen.)

Die wissenschaftliche Forschung, die zum Beweis dieser Hypothese erforderlich wäre, ist enorm. Um nur einige Dinge anzuzeigen, die einen Beweis darstellen würden: eine Berechnung der mathematischen Beziehungen zwischen den Tönen einer Melodie – eine Berechnung der vom menschlichen Ohr und Gehirn benötigten Zeit für die Integration einer Abfolge von musikalischen Klängen, einschließlich der Schritte, der Dauer und der Zeitgrenzen des Integrationsprozesses (was die Beziehung von Tönen zu Rhythmus miteinschließt) – eine Berechnung der Beziehungen von Tönen zu Takten, von Takten zu musikalischen Phrasen und von Phrasen zur letztendlichen Auflösung – eine Berechnung der Beziehung von Melodie zu Harmonie und ihrer Summe zu den Klängen der verschiedenen Instrumente etc. Die erforderliche Arbeit ist gigantisch, aber genau das leistet das menschliche Gehirn – das des Komponisten, des Musikers und des Zuhörers –, wenn auch nicht bewusst.

Wenn solche Berechnungen aufgestellt würden und in eine verwaltbare Anzahl von Gleichungen (d.h. auf Prinzipien) reduziert würden, hätten wir ein objektives Musikvokabular. Es wäre ein mathematisches Vokabular, basierend auf dem Wesen von Klängen und dem menschlichen Hörvermögen (d.h. was diesem Vermögen möglich ist). Das ästhetische Kriterium, das von solch einem Vokabular abgeleitet wird, würde lauten: Integration, d.h. der Umfang (oder die Komplexität) der Integration einer bestimmten Komposition. Integration – weil sie im Unterschied zu Lärm der Kern der Musik ist; Umfang, weil dies der Maßstab für jede intellektuelle Leistung ist.

Bis meine Theorie bewiesen oder widerlegt worden ist, muss sie als reine Hypothese behandelt werden.

Es gibt jedoch viele Indizien, die wir (nicht auf der physiologischen, sondern auf der psychologisch-existentiellen Stufe) beobachten können und die meine Hypothese belegen.

Die Verbindung von Musik zur menschlichen Wahrnehmung wird durch die Tatsache belegt, dass bestimmte Musikarten einen lähmenden, narkotisierenden Effekt auf den Geist haben. Sie bewirken einen tranceartigen Zustand, einen Verlust an Kontext, Willen und dem Bewusstsein des eigenen Selbst. Primitive Musik und der Großteil orientalischer Musik fällt in diese Kategorie. Der Genuss dieser Musik ist das Gegenteil des emotionalen Zustands, den der westliche Mensch Genuss nennen würde: Für den westlichen Menschen ist Musik eine intensive persönliche Erfahrung und eine Bestätigung seiner kognitiven Kraft – für den primitiven Menschen bringt Musik die Auflösung des Selbst und des Bewusstseins mit sich. In beiden Fällen ist Musik jedoch das Mittel, um diesen psycho-epistemologischen Zustand hervorzubringen, den die jeweiligen Philosophien als legitim und wünschenswert ansehen.

Die tödliche Monotonie primitiver Musik – die endlose Wiederholung einiger weniger Noten und Rhythmen, die mit der Regelmäßigkeit der chinesischen Wasserfolter auf das Gehirn einhämmern, lähmt kognitive Prozesse, löscht Wahrnehmung aus und zersetzt den Geist. Solche Musik produziert einen Zustand des Sinnesentzugs, der (wie moderne Wissenschaftler zu erkennen beginnen) durch die Abwesenheit oder die Monotonie von Sinnesreizen verursacht wird.

Es gibt keine Indizien, die die Behauptung erhärten, dass die Unterschiede in der Musik verschiedener Kulturen von angeborenen Unterschieden der verschiedenen Rassen herrühren. Es gibt eine Menge an Indizien, die die Hypothese belegen, dass die Ursache der musikalischen Unterschiede psycho-epistemologisch (und daher letztendlich philosophisch) ist.

Die psycho-epistemologische Funktionsmethode eines Menschen wird in seiner frühen Jugend entwickelt und automatisiert; sie wird beeinflusst von der dominanten Philosophie der Kultur, in der er aufwächst. Wenn ein Kind explizit und implizit (durch die allgemeine emotionale Einstellung) begreift, dass das Streben nach Wissen, d.h. die unabhängige Arbeit seines Wahrnehmungsvermögens, wichtig ist und ihm von seiner Natur abverlangt wird, entwickelt es wahrscheinlich einen aktiven, unabhängigen Geist. Wenn ihm Passivität, blinder Gehorsam, Angst und die Nutzlosigkeit von Fragen oder Wissen beigebracht wird, wächst er wahrscheinlich als mental hilfloser Wilder auf, ob nun im Dschungel oder in New York City. Aber da man einen menschlichen Geist nicht total zerstören kann, solange sein Besitzer lebendig ist, werden die unerfüllten Bedürfnisse seines Gehirns zu einem rastlosen, unzusammenhängenden, unverständlichen Tappen im Dunkeln, das ihm Angst macht. Primitive Musik wird sein Narkotikum: Sie löscht seine Angst aus, wiegt ihn in Sicherheit und verstärkt seine Lethargie, bietet ihm kurzzeitig das Gefühl einer Realität, für die seine träge Benommenheit passend ist.

Nun bedenken Sie, dass die im Westen verwendete moderne diatonische Tonleiter ein Produkt der Renaissance ist. Sie wurde über einen langen Zeitraum von einer Reihe musikalischer Innovatoren entwickelt. Was war ihr Motiv? Diese Tonleiter erlaubt die größte Anzahl konsonanter Harmonien, d.h. von Klangkombinationen, die das menschliche Ohr als angenehm empfindet (d.h. die das menschliche Gehirn integrieren kann). Die Kultur der Renaissance mit ihrer Orientierung am Menschen, an der Vernunft und der Wissenschaft, war die erste Ära der Geschichte, in der ein Gesichtspunkt wie menschliches Vergnügen Komponisten, die die Freiheit hatten, zu schaffen, motivieren konnte.

Heute, in einer Zeit, wo der Einfluss der westlichen Zivilisation die statische, traditionsgebundene Kultur Japans aufbricht, komponieren junge talentierte japanische Künstler westliche Musik.

Die Produkte der antirationalen, anti-kognitiven, „progressiven" amerikanischen Erziehung – die Hippies – kehren zurück zur Musik und den Trommelklängen des Dschungels.

Integration ist der Schlüssel zu mehr als nur Musik; sie ist der Schlüssel zum menschlichen Bewusstsein, zu seinem Wahrnehmungsvermögen, zu seinen grundlegenden Prämissen und seinem Leben. Und Mangel an Integration wird für jeden, der mit einem potentiell menschlichen Geist geboren wird, in jedem Jahrhundert und an jedem Ort der Welt zu denselben existentiellen Resultaten führen.

Ein kurzes Wort über die sogenannte moderne Musik: Forschung oder wissenschaftliche Entdeckungen sind nicht erforderlich, um mit voller, objektiver Gewissheit festzustellen, dass das keine Musik ist. Der Beweis liegt in der Tatsache, dass Musik das Produkt periodischer Schwingungen ist – und daher die Einführung von nichtperiodischen Schwingungen (Geräuschen aus dem Straßenverkehr, Maschinenlärm oder Husten und Niesen), d.h. von Lärm, in angeblich musikalische Kompositionen sie automatisch vom Reich der Kunst und von weiterer Betrachtung ausschließt. Aber ein Wort der Warnung bezüglich des Vokabulars der Verursacher dieser „Innovationen" ist angezeigt: Sie lassen eine Menge Behauptungen vom Stapel, man hätte sein Ohr erst für ihre „Musik" zu „konditionieren". Ihre Idee der Konditionierung ist von der Realität und dem Gesetz der Identität ausgenommen; der Mensch ist ihrer Ansicht nach unendlich konditionierbar. Aber tatsächlich kann man ein menschliches Ohr zu verschiedenen Musikarten konditionieren (nicht das Ohr, sondern das Gehirn muss man in solchen Fällen konditionieren); man kann es nicht dazu konditionieren, Lärm so zu hören, als sei er Musik; nicht persönliches Training oder gesellschaftliche Konventionen machen das unmöglich, sondern die physiologische Natur – die Identität – des menschlichen Ohrs und Gehirns.

Wenden wir uns nun den darstellenden Künsten zu (Schauspielerei, Musikinstrumente spielen, Singen, Tanzen).

In diesen Künsten ist die Person des Künstlers das Medium. Seine Aufgabe besteht nicht in der Neuerschaffung der Realität, sondern in der Umsetzung der Neuerschaffung aus einer der primären Künste.

Dies bedeutet nicht, dass die darstellenden Künste in ihrem ästhetischen Wert oder ihrer Bedeutung sekundär sind, sondern nur, dass sie eine Erweiterung der primären Künste sind und davon abhängen. Und es bedeutet auch nicht, dass Darsteller bloße „Interpreten" sind: Auf den höheren Stufen seiner Kunst trägt ein Darsteller ein kreatives Element bei, das das Primärwerk nicht eigenständig vermitteln könnte; er wird ein Partner, fast ein Mit-Autor – wenn und falls er von dem Prinzip geleitet wird, dass er das Mittel zum Zweck ist, den das Werk vorgibt.

Die Grundprinzipien, die für alle anderen Künste gelten, gelten auch für den darstellenden Künstler, besonders für die Stilisierung, d.h. die Selektivität; die Auswahl und die Betonung von Kernpunkten, die Strukturierung der Aufführung, die zu einer aussagekräftigen Summe führen. Die metaphysischen Werturteile des darstellenden Künstlers sind bei der für seine Darbietung erforderlichen Technik beteiligt. Zum Beispiel wird das Bild, das ein Schauspieler von menschlicher Größe oder Verkommenheit, von Mut oder Schüchternheit hat, bestimmen, wie er diese Eigenschaften auf der Bühne darstellt. Ein Schauspieler hat viel Spielraum bei der Darstellung eines bestimmten Werkes. Er hat beinahe wortwörtlich die Seele, die der Autor des Werkes erschaffen hat, zu *verkörpern*; um diese Seele in volle physische Realität zu verwandeln, ist eine besondere Kreativität erforderlich.

Wenn die Darstellung und das (literarische oder musikalische) Werk in Bedeutung, Stil und Absicht absolut integriert sind, ist das Resultat eine überragende ästhetische Leistung und ein unvergessliches Erlebnis für das Publikum.

Die psycho-epistemologische Rolle der darstellenden Künste – ihre Beziehung zum Wahrnehmungsvermögen des Menschen – liegt in der vollen Konkretisierung der metaphysischen Abstraktionen, die von einem Werk der primären Künste dargestellt wird. Der Unterschied der darstellenden Künste liegt in ihrer Unmittelbarkeit – in der Tatsache, dass sie ein Kunstwerk in existentielle Handlung, in ein konkretes, direkt wahrnehmbares Ereignis übersetzen. Dies ist auch ihre Gefahr. Integration ist das Aushängeschild der Kunst – und wenn die Darbietung und das Primärwerk nicht vollständig integriert sind, ist das Resultat das Gegenteil der kognitiven Funktion von Kunst: Das Publikum macht eine psycho-epistemologisch desintegrierende Erfahrung.

Eine Darbietung mag ein bestimmtes Ausmaß an Ungleichgewicht unter seinen vielen Elementen enthalten und trotzdem noch als Kunst erkannt werden. Ein großartiger Schauspieler ist z.B. oft in der Lage, einem gesichtslosen Stück ein wenig Gestalt und Bedeutung zu verleihen – oder ein großartiges Stück mag seine Kraft trotz einer gesichtslosen Besetzung zeigen. Solche Fälle hinterlassen im Publikum ein Gefühl sehnsüchtiger Frustration, aber sie bieten immer noch einen gewissen ästhetischen Wert. Wenn das Ungleichgewicht jedoch zu einem kompletten Widerspruch wird, fällt das Stück auseinander und verabschiedet sich aus dem Bereich der Kunst. Ein Schauspieler mag sich z.B. entschließen, das Stück umzuschreiben, ohne eine einzige Zeile zu ändern, einfach indem er einen Helden als Schurken darstellt oder umgekehrt (weil er den Ideen des Autors nicht zustimmt oder eine andere Rolle spielen will oder es einfach nicht besser weiß) und stellt dann eine Figur dar, die jedem Satz, den sie sagt, widerspricht; das Resultat ist ein unzusammenhängendes Durcheinander – und je besser der Text und die Darbietung sind, umso schlimmer wird es. In solch einem Fall degeneriert das Stück zu bedeutungslosem Posieren oder schlimmer: zu Clownerie.

Der katastrophal verdrehte Ansatz zu den darstellenden Künsten wird an einer Gesinnung deutlich, die Theaterstücke als „Vehikel“ für Stars ansieht. Die Totalschäden solcher „Vehikel“ und ihrer Fahrer stehen in allen ästhetischen Unfallprotokollen und sind nicht auf Hollywood beschränkt. In diesen Wracks finden sich berühmte Schauspieler, die in drittklassigen Stücken spielen, großartige Stücke, die für jämmerliche Amateure umgeschrieben wurden, Pianisten, die Kompositionen verstümmeln, um ihre Virtuosität zu zeigen usw.

Der gemeinsame Nenner ist eine primitive Verdrehung von Mitteln und Zwecken. Das „Wie“ kann nie das „Was“ ersetzen – weder in den primären noch in den darstellenden Künsten, weder in Form eines exquisiten Schreibstils, der nichts zu sagen hat, noch in Form von Greta Garbo, die exquisit das spielt, was ein Lastwagenfahrer für eine Liebesszene hält.

Von den darstellenden Künsten erfordert der Tanz eine gesonderte Abhandlung. Gibt es im Tanz eine abstrakte Bedeutung? Was drückt Tanz aus?

Der Tanz ist der stille Partner der Musik und nimmt an einer Arbeitsteilung teil: Musik präsentiert eine stilisierte Version des menschlichen Bewusstseins in Aktion – der Tanz präsentiert eine stilisierte Version des menschlichen Körpers in Aktion. „Stilisiert“ bedeutet „auf wesentliche Eigenschaften komprimiert“, die nach dem Menschenbild des Künstlers ausgewählt wurden.

Musik präsentiert eine Abstraktion menschlicher Emotionen im Kontext seiner kognitiven Prozesse – der Tanz präsentiert eine Abstraktion menschlicher Emotionen im Kontext seiner körperlichen Bewegungen. Die Aufgabe des Tanzes besteht nicht in der Darstellung einzelner, momentaner Emotionen, nicht in einer pantomimischen Version von Freude, Leid oder Angst usw., sondern in einer tieferen Frage: die Darstellung metaphysischer Werturteile, die Stilisierung menschlicher Bewegungen durch die andauernde Kraft eines fundamentalen emotionalen Zustandes – und somit die Verwendung des menschlichen Körpers für den Ausdruck seines Lebensgefühls.

Jedes starke Gefühl hat ein kinästhetisches Element, das man als Impuls wahrnimmt: Man will aufspringen, man erschaudert, will mit dem Fuß aufstampfen usw. So wie das Lebensgefühl eines Menschen Teil all seiner Emotionen ist, so ist es auch Teil all seiner Bewegungen und bestimmt, wie er seinen Körper benutzt: seine Haltung, seine Gesten, seine Gangart usw. Wir können bei einem Mann, der typischerweise gerade steht, schnell läuft und entschieden gestikuliert, und bei einem Mann, der typischerweise gekrümmt geht, schlurft und schlaff gestikuliert, verschiedene Lebensgefühle beobachten. Dieses spezielle

Element – seine gesamte Art, sich zu bewegen – stellt das Material für das Spezialgebiet des Tanzes dar. Der Tanz stilisiert es zu einem *Bewegungssystem*, das ein metaphysisches Menschenbild ausdrückt.

Ein Bewegungs*system* ist das wesentliche Element, die Vorbedingung von Tanz als Kunst. Wenn man einfach zufällige Bewegungen ausführt wie Kinder, die auf einer Wiese herumtollen, kann man das vergnüglich, aber nicht Kunst nennen. Die Schaffung eines durchgängig stilisierten, metaphysisch expressiven Systems ist eine so seltene Leistung, dass es nur sehr wenige unverkennbare Tanzformen gibt, die sich als Kunst qualifizieren. Die meisten Tanzdarbietungen sind Mischungen von Elementen aus verschiedenen Systemen und zufälligen Verrenkungen, die willkürlich zusammengewürfelt wurden und nichts bedeuten. Wer über die Bühne hüpft, springt oder rollt, ist nicht künstlerischer als die Kinder auf der Wiese, nur prätentiöser.

Sehen Sie sich zwei unverkennbare Systeme an, die Beispiele für Tanz als Kunst sind: das Ballett und den Hindu-Tanz.

Der Grundgedanke der Stilisierung des Balletts lautet „Leichtigkeit“. Paradoxerweise stellt das Ballett den Menschen als fast körperlos dar: Es entstellt den menschlichen Körper nicht, es selektiert die Bewegungen, die für Menschen möglich sind (wie z.B. Laufen auf Zehenspitzen), übertreibt sie, betont ihre Schönheit und trotzt der Schwerkraft. Ein graziles, müheloses Schweben, Fließen und Fliegen sind die Kernpunkte des Menschenbilds des Balletts. Es stellt eine zerbrechliche Schönheit und eine unbeugsame Präzision dar, einen Menschen mit einem guten Stahlskelett und ohne Fleisch – den Menschen als Geist, der diese Erde nicht kontrolliert, sondern transzendiert.

Im Gegensatz dazu stellt der Hindu-Tanz den Menschen als Fleisch ohne Skelett dar. Der Grundgedanke seiner Stilisierung lautet: Flexibilität, Fließen, Krümmen. Es verzerrt den menschlichen Körper, führt reptilienartige, eigentlich undurchführbare und deplatzierte Bewegungen aus, wie das seitliche Verrenken des Torsos oder des Kopfes, was kurzfristig wie eine Enthauptung aussieht. Dies ist ein Menschenbild, das ihn als unendlich formbaren Menschen darstellt, der sich an ein unbegreifliches Universum anpasst, unerkennbare Mächte anfleht und nichts übrigbehält, nicht einmal seine Identität.

Innerhalb jedes Systems können spezifische Emotionen dargestellt oder angedeutet werden, aber nur so, wie es der Grundstil zulässt. Starke Leidenschaften oder negative Emotionen können im Ballett, ungeachtet der Libretti, nicht dargestellt werden; es kann nicht Tragik, Angst oder Sexualität ausdrücken; es ist ein perfektes Medium für den Ausdruck geistiger Liebe. Der Hindu-Tanz kann Leidenschaften darstellen, aber keine positiven Emotionen; er kann nicht Freude oder Triumph ausdrücken, ist aber geeignet für den Ausdruck von Angst, Verzweiflung und eine physikalistische Sexualität.

Ich möchte eine Tanzform erwähnen, die noch nicht zu einem vollen System entwickelt worden ist, aber die Schlüsselelemente besitzt, mit denen ein vollständiges, unverkennbares System erbaut werden kann: den Stepptanz. Seine Ursprünge sind afro-amerikanisch; er ist einzigartig amerikanisch und eindeutig uneuropäisch. Seine besten Vertreter sind Bill Robinson und Fred Astaire (der ihn mit Elementen aus dem Ballett kombiniert).

Stepptanz ist absolut synchron mit der Musik und gehorcht der Musik durch ein gemeinsames unersetzliches Element, das Musik und der menschliche Körper gemeinsam haben: Rhythmus. Diese Form erlaubt dem Tänzer keine Pause, keinen Stillstand: Seine Füße berühren den Boden gerade lang genug, um den Rhythmus der Musik zu akzentuieren. Von Anfang bis Ende setzen die Füße das gleichmäßige, schnelle Steppen fort wie eine lange Serie von Sprüngen, die alle anderen Körperbewegungen unterstreichen; man kann springen, sich drehen, knien und doch nie einen einzigen Taktschlag verpassen. Es sieht zeitweise so aus, als ob es ein Wettstreit zwischen Mensch und Musik sei, als ob die Musik ihn herausfordern würde – und er tut dies leichtfüßig, mühelos und fast nebenbei. Gehorsam gegenüber der Musik? Man bekommt den Eindruck: totale Kontrolle – der menschliche Geist in müheloser Kontrolle über seinen meisterhaft funktionierenden Körper. Der Grundgedanke lautet „Präzision". Er vermittelt ein Gefühl von Zielstrebigkeit, Disziplin und Klarheit – eine Art mathematischer Klarheit – kombiniert mit einer unbegrenzten Bewegungsfreiheit und einem unerschöpflichen Erfindungsreichtum, der sich das Plötzliche und Unerwartete traut, aber nie den zentralen, integrierenden Grundsatz aus den Augen verliert: den Rhythmus der Musik. Nein, die emotionale Bandbreite von Stepptanz ist nicht unbegrenzt: Er kann weder Tragik, Schmerz, Angst noch Schuld ausdrücken; er kann nur Heiterkeit und jede Facette des Gefühls der Lebensfreude ausdrücken. (Ja, er ist meine Lieblingstanzform.)

Musik ist eine unabhängige, primäre Kunst; der Tanz nicht. Angesichts ihrer Arbeitsteilung ist der Tanz vollständig von der Musik abhängig. Mit der emotionalen Hilfe der Musik drückt er eine abstrakte Bedeutung aus; ohne Musik wird er zu bedeutungsloser Gymnastik. Die Musik, die Stimme des menschlichen Bewusstseins, integriert den Tanz mit dem Menschen und der Kunst. Die Musik stellt die Bedingungen auf; die Aufgabe des Tanzes besteht darin, ihr so eng, so gehorsam und ausdrucksstark wie möglich zu folgen. Je näher die Integration eines bestimmten Tanzes an der Musik liegt – bei Rhythmus, Stimmung, Stil und Thema –, desto größer ist sein ästhetischer Wert.

Ein Konflikt zwischen Tanz und Musik ist schlimmer als ein Konflikt zwischen Schauspieler und Stück: Er löscht die gesamte Darstellung aus. Er erlaubt weder der Musik noch dem Tanz eine Integration in eine ästhetische Entität – und er wird zu einer Serie von zusammengewürfelten Bewegungen, die auf eine Serie von zusammengewürfelten Geräuschen aufgesetzt werden.

Sehen Sie sich an, dass der moderne kunstfeindliche Trend im Bereich des Tanzes genau diese Form annimmt. (Ich spreche nicht vom sogenannten modernen Tanz, der weder modern noch Tanz ist.) Das Ballett wird z.B. „modernisiert", indem es zu ungeeigneter, untanzbarer Musik aufgeführt wird, die nur als Begleitung eingesetzt wird, wie der Klimperkasten in den Zeiten des Stummfilms, nur weniger synchron mit der Handlung. Dazu kommt noch ein großer Schuss Pantomime, was keine Kunst ist, sondern ein kindisches Spiel (nicht Schauspielerei, sondern erklärende Zeichensprache), und Sie bekommen eine Form von selbstbeleidigendem Kompromiss, der jämmerlicher ist als alles, was ich in der Politik gesehen habe. Als Beweisstück möchte ich *Marguerite and Armand* anführen. (Selbst die Reinfälle des modernen Tanzes sehen im Vergleich dazu unschuldig aus: Ihre Verursacher haben nichts zu verraten oder zu entstellen.)

Tänzer sind darstellende Künstler; Musik ist die Primärkunst, die sie aufführen – mit Hilfe eines wichtigen Vermittlers: des Choreographen. Seine kreative Aufgabe ist der eines Regisseurs ähnlich, aber er trägt eine anspruchsvollere Verantwortung: Ein Regisseur übersetzt ein Primärwerk, ein Theaterstück, in physische Handlung – ein Choreograph muss ein Primärwerk, eine Komposition aus Klängen, in ein anderes Medium übersetzen – eine Komposition aus Bewegungen und ein strukturiertes, integriertes Werk schaffen: einen Tanz.

Diese Aufgabe ist so schwierig und ihre ästhetisch qualifizierten Fachleute sind so selten, dass der Tanz in seiner Entwicklung immer sehr langsam und sehr verletzlich war. Heute ist er fast ausgestorben.

Musik und/oder Literatur sind die Basis der darstellenden Künste und der großangelegten Kombinationen aller Künste wie Oper oder Film. Die Basis bedeutet in diesem Kontext jene Primärkunst, die das metaphysische Element beisteuert und die Darbietung zu einer Konkretisierung eines abstrakten Menschenbildes werden lässt.

Ohne diese Basis kann eine Darbietung unterhaltsam sein wie etwa im Zirkus oder im Varieté, hat aber nichts mit Kunst zu tun. Die Aufführung eines Luftakrobaten verlangt z.B. eine enorme Körperbeherrschung – die vielleicht größer und schwieriger ist als die eines Balletttänzers –, bietet aber nur eine Zurschaustellung dieser Fertigkeit ohne weitere Bedeutung, d.h. etwas Gegenständliches, keine Konkretisierung von Irgendetwas.

In Opern und Operetten ist die ästhetische Basis Musik, wobei das Libretto nur der Bereitstellung eines geeigneten, emotionalen Kontexts und als integrierender Grundgedanke der

Gesamtaufführung dient. (In dieser Hinsicht gibt es nur sehr wenige gute Libretti.) In Filmen und im Fernsehen ist die Literatur der Herrscher, der die Bedingungen stellt, und Musik dient nur als Hintergrundbegleitung. Fernsehspiele sind Unterkategorien des Dramas, und dort geht es einzig und allein um das Stück. Das Stück ist das, was es zur Kunst macht; das Stück stellt den Zweck dar, zu dem der ganze Rest das Mittel ist.

In allen Künsten, die mehr als einen Darsteller haben, ist der *Regisseur* ein unersetzlich wichtiger Künstler. (In der Musik ist sein Gegenstück der Dirigent.) Der Regisseur ist das Bindeglied zwischen der Aufführung und der Primärkunst. Er ist ein Darsteller in Bezug auf das Primärwerk, in dem Sinne, dass seine Aufgabe das Mittel zum Zweck des Werkes ist – er ist ein Primärkünstler in Bezug auf die Besetzung, den Bühnenbildner, die Kameraleute usw., in dem Sinne, dass sie die Mittel zu seinem Zweck sind, nämlich der Übersetzung des Werkes in physische Handlung als bedeutsames, stilisiertes, integriertes Ganzes. In den dramatischen Künsten ist der Regisseur der ästhetische *Integrator*.

Diese Aufgabe erfordert ein unmittelbares Verständnis aller Künste, kombiniert mit einem ungewöhnlich kraftvollen abstrakten Denkvermögen und kreativer Phantasie. Große Regisseure gibt es nur sehr selten. Ein durchschnittlicher Regisseur wechselt zwischen den Doppelfallen von Abdankung und Vereinnahmung hin und her. Entweder macht er sich die Talente anderer zu Nutze und lässt die Schauspieler zufällige Bewegungen ausführen, die nichts bedeuten, was in einem Durcheinander von widersprüchlichen Absichten resultiert, oder er reißt alles an sich, lässt alle sinnlose Kunstgriffe ausführen, die mit dem Stück nichts zu tun haben, da er der verdrehten Prämisse unterliegt, dass das Stück das Mittel ist, mit dem er seine Fähigkeiten zeigen kann, und stellt sich selbst somit in die Kategorie von Zirkusakrobaten, außer dass er viel weniger geschickt und viel weniger unterhaltsam ist.

Als Beispiel für hervorragende Regiearbeit möchte ich Fritz Lang nennen, besonders seine frühen Werke. Sein Stummfilm

„Siegfried“ ist mithin das größte Kunstwerk, das der Film bis dato hervorgebracht hat. Obwohl andere Regisseure das gelegentlich zu begreifen scheinen, ist Lang der einzige, der die Tatsache völlig verstanden hat, dass visuelle Kunst ein intrinsischer Teil von Filmen ist, und zwar in einem viel tieferen Sinn als die bloße Auswahl von Bühnenbildern und Kameraeinstellungen – dass ein Film eine stilisierte *visuelle* Komposition in bewegten Bildern ist.

Jemand hat mal gesagt, dass man aus dem Film „Siegfried“ jedes beliebige Einzelbild herausschneiden könnte und es eine so vollkommene Komposition wie ein Ölgemälde zeigen würde. Jede Handlung, Geste und Bewegung in diesem Film ist darauf berechnet, diesen Effekt zu erzielen. Jeder Zentimeter Film ist stilisiert, d.h. zu jenen nackten Kernpunkten verdichtet, die das Wesen und den Geist der Geschichte, ihrer Ereignisse und Umgebung vermitteln. Der gesamte Film wurde im Studio gedreht, einschließlich der prächtigen legendären Wälder, deren sämtliche Äste von Menschen gemacht wurden (was man dem Film aber nicht ansieht). Während Lang den Film drehte, so geht die Legende, hing in seinem Büro ein Plakat: „Nichts in diesem Film ist zufällig.“ *Das* ist das Motto großer Kunst. Sehr wenige Künstler haben das auf ihrem Gebiet je erreicht. Fritz Lang hat es.

Es gibt bestimmte Schwächen in „Siegfried“, besonders das Wesen der Geschichte, die eine tragische Legende aus einem „böswilligen Universum“ ist – aber das ist eine metaphysische, keine ästhetische Frage. Vom Aspekt der kreativen Regiearbeit ist dieser Film ein Beispiel für visuelle Stilisierung, die den Unterschied zwischen einem Kunstwerk und einem besseren Nachrichtenbeitrag ausmacht.

Potentiell gesehen sind Filme große Kunst, aber dieses Potential ist außer zu seltenen und zufälligen Gelegenheiten noch nicht verwirklicht worden. Eine Kunst, die die Synchronisierung so vieler ästhetischer Elemente und so vieler verschiedener Talente erfordert, kann sich nicht in einer Periode philosophisch-kultureller Auflösung wie der unseren entwickeln. Ihre

Entwicklung erfordert die kreative Zusammenarbeit von Menschen, die zwar nicht zwangsläufig die gleichen formellen philosophischen Überzeugungen, aber das gleiche fundamentale Menschenbild, d.h. das gleiche Lebensgefühl haben müssen.

Wie verschiedenartig und unüberschaubar das Potential der darstellenden Künste auch sein mag, so muss man doch daran denken, dass sie eine Konsequenz und eine Erweiterung der Primärkünste sind – und dass die Primärkünste ihnen die abstrakte Bedeutung verleihen, ohne die kein menschliches Produkt und keine menschliche Aktivität als Kunst bezeichnet werden kann.

Die Frage am Anfang dieser Abhandlung lautete: „Welche Kunstformen sind zulässig und warum?" Sie kann jetzt beantwortet werden: Die legitimen Kunstformen präsentieren eine selektive Neuerschaffung der Realität nach den Bedürfnissen des menschlichen *Wahrnehmungsvermögens*, was seine wesenswahrnehmenden Sinne miteinschließt und somit die Integration der verschiedenen Elemente eines *begrifflichen* Bewusstseins unterstützt. Literatur befasst sich mit Begriffen, die bildenden Künste mit Sehen und Berührung, Musik mit dem Hören. Jede Kunst erfüllt die Funktion, menschliche Begriffe auf die wahrnehmende Stufe seines Bewusstseins zu bringen und erlaubt ihm somit, sie direkt zu begreifen als seien sie Wahrnehmungen. (Die darstellenden Künste sind ein Mittel der weitergehenden Konkretisierung.) Die verschiedenen Kunstzweige dienen der Vereinigung des menschlichen Bewusstseins und bieten ihm ein zusammenhängendes Weltbild. Ob dieses Bild wahr oder falsch ist, ist keine ästhetische Frage. Die unerlässliche ästhetische Frage ist psycho-epistemologisch: *die Integration eines begrifflichen Bewusstseins.*

Dies ist der Grund, warum alle Künste in prähistorischer Zeit geboren wurden, und warum der Mensch nie eine neue Kunstform entwickeln kann. Kunstformen hängen nicht vom *Inhalt* des Bewusstseins des Menschen ab, sondern von seiner *Natur* – nicht vom Umfang seines Wissens, sondern von den Mitteln, mit denen er es erwirbt. (Um eine neue Kunstform zu entwickeln, müsste der Mensch ein neues Sinnesorgan ausbilden.)

Das Wachsen des menschlichen Wissens macht unbegrenztes Wachstum und die grenzenlose Entwicklung der Künste möglich. Wissenschaftliche Entdeckungen erschaffen neue Unterkategorien in den verschiedenen Kunstzweigen. Aber dies sind Varianten und Unterkategorien (oder Kombinationen) dieser fundamentalen Künste. Solche Varianten brauchen neue Regeln, neue Methoden und neue Techniken, aber keine Veränderung der Grundprinzipien. Zum Beispiel braucht man zum Schreiben von Drehbüchern für Bühne, Fernsehen oder Film unterschiedliche Techniken; aber all diese Medien sind Unterkategorien des Dramas (was eine Unterkategorie der Literatur ist) und alle unterliegen denselben Prinzipien. Je umfassender ein bestimmtes Prinzip ist, desto mehr Innovationen und Variationen erlaubt es; aber es selbst ist unveränderlich. Der Verstoß gegen ein Grundprinzip ist keine „neue Kunstform", sondern eine Zerstörung dieser bestimmten Kunst.

Der Wechsel vom Klassizismus zur Romantik im Theater war z.B. eine legitime ästhetische Innovation, ebenso wie der Wechsel von Romantik zu Naturalismus, selbst wenn er von falschen metaphysischen Ansichten ausging. Aber die Einführung eines Erzählers in ein Bühnenstück ist keine Innovation, sondern ein Bruch mit dem Grundprinzip des Theaters, das verlangt, dass eine Geschichte dramatisiert, d.h. durch Taten präsentiert wird; solch ein Verstoß ist keine „neue Kunstform", sondern ein inkompetenter Übergriff und ein Keil, der eingetrieben wird, um diese Kunst irgendwann zu zerstören.

Eine gewisse Verwirrung über die Beziehung zwischen wissenschaftlichen Entdeckungen und Kunst führt zu der häufig gestellten Frage: „Ist Photographie eine Kunst?" Die Antwort lautet: Nein. Sie ist eine technische, keine kreative Fertigkeit. Kunst erfordert eine selektive Neuerschaffung. Eine Kamera kann die grundlegende Aufgabe der Malerei nicht ausüben: eine visuelle Begriffsbildung, d.h. die Schaffung eines Einzeldings durch abstrakte Kernpunkte. Die Auswahl von Kameraposition, Licht oder Linsen ist bloß eine Auswahl der Mittel für die Reproduktion der verschiedenen Aspekte des Gegebenen, d.h. eines existierenden Einzeldings. Es liegt ein ästhetisches Element in manchen Photographien, was das Resultat der größtmöglichen Selektivität ist, die ein Photograph ausüben kann, und manche können sehr schön sein – aber das gleiche künstlerische Element (zielgerichtete Selektivität) steckt in vielen utilitaristischen Produkten: in besseren Möbeln, Schnittmustern, Autos, Verpackungen usw. Die kommerzielle Kunst in der Werbung stammt oft von echten Künstlern und hat größeren ästhetischen Wert als viele Gemälde, aber Gebrauchsgegenstände kann man nicht als Kunst klassifizieren.

(„Aber warum ist ein Regisseur dann ein Künstler?" wird an diesem Punkt eingeworfen. Die Antwort lautet: Ein Film konkretisiert die abstrakte Bedeutung einer *Geschichte*; ohne eine Geschichte ist ein Regisseur nur ein prätentiöser Photograph.)

Eine ähnliche Verwirrung gibt es hinsichtlich der dekorativen Künste. Die Aufgabe der dekorativen Künste liegt in der Ornamentierung utilitaristischer Objekte wie Teppichen, Textilien, Leuchten usw. Dies ist eine wertvolle Aufgabe, und oft wird sie von talentierten Künstlern ausgeübt, aber es ist keine Kunst im ästhetisch-philosophischen Wortsinn. Die psycho-epistemologische Grundlage der dekorativen Künste ist nicht begrifflich, sondern rein sinnlich: Ihr Wertmaßstab ist die Attraktivität für den Gesichts- und/oder Tastsinn. Ihr Material besteht aus Farben und Formen in nichtrepräsentativen Kombinationen, die keine andere Bedeutung vermitteln als visuelle Harmonie; die Bedeutung oder der Zweck ist konkret und liegt in dem spezifischen Objekt, das sie dekorieren.

Als Neuerschaffung der Realität muss ein Kunstwerk repräsentativ sein; seine Stilisierungsfreiheit wird begrenzt durch die Bedingung der Verständlichkeit; wenn kein verständliches Thema präsentiert wird, hört es auf, Kunst zu sein. Andererseits ist ein repräsentatives Element in den dekorativen Künsten ein Nachteil: Es ist eine irrelevante Ablenkung, ein Intentionskonflikt. Und obwohl Zeichnungen von menschlichen Gestalten, Landschaften oder Blumen oft verwendet werden, um Textilien oder Tapeten zu dekorieren, sind sie künstlerisch nicht so gut wie die nichtrepräsentativen Darstellungen. Wenn erkennbare Objekte bloß als Muster von Farben und Formen behandelt werden, werden sie unvereinbar.

(Farbliche Harmonie ist ein legitimes, aber nur eines aus vielen wichtigeren Elementen in der Kunst der Malerei. Doch Farben und Formen werden nicht als dekoratives Muster behandelt.)

Visuelle Harmonie ist ein Sinneseindruck und wird primär von physiologischen Ursachen bestimmt. Es gibt einen wichtigen Unterschied zwischen der Wahrnehmung von musikalischen Klängen oder der Wahrnehmung von Farben: Die Integration von musikalischen Klängen produziert eine neue kognitive Erfahrung, die sinnlich-begrifflich ist, d.h. das Wahrnehmen einer Melodie; die Integration von Farben ist es nicht; sie vermittelt nichts außer der Wahrnehmung von angenehmen oder unangenehmen Verhältnissen. Kognitiv gesehen hat der Sinneseindruck von Farbe qua Farbe keine Bedeutung, weil Farbe eine unvergleichlich wichtigere Funktion hat: Die Wahrnehmung von Farbe ist das zentrale Element des Gesichtssinns, sie ist eines der fundamentalen Mittel zur Wahrnehmung von Entitäten. Farbe an sich (und ihre physischen Ursachen) ist keine Entität, sondern eine *Eigenschaft* von Entitäten und kann nicht für sich existieren.

Diese Tatsache wird von jenen ignoriert, die prätentiöse Versuche unternehmen, eine „neue Kunst“ durch „Farbkompositionen“ zu schaffen, die aus bewegten Farbklecksen auf Film bestehen. Im Bewusstsein des Zuschauers produzieren sie nichts – außer der Langeweile, nichts zu tun zu haben. Sie können möglicherweise einen geeigneten dekorativen Effekt im Karneval oder einem Nachtclub haben, haben aber keinerlei Bezug zu Kunst.

Solche Versuche können jedoch aus folgendem Grund als Anti-Kunst klassifiziert werden: Der Kern von Kunst ist Integration, eine Art von Super-Integration, da Kunst sich mit den umfassendsten menschlichen Abstraktionen – seiner Metaphysik – befasst und somit die Macht des menschlichen Bewusstseins erweitert. Die Idee von „Farbkompositionen“ ist ein Trend in die entgegengesetzte Richtung: Es ist ein Versuch, das menschliche Bewusstsein zu *desintegrieren* und es auf eine vorsinnliche Stufe zu reduzieren, da sie Wahrnehmungen in reine Sinnesdaten zersplittert.

Dies führt uns zum Thema „Moderne Kunst“.

Wenn eine Bande (mit welchen Parolen, Motiven oder Zielen auch immer) durch die Straßen ziehen und anderen Leuten die Augen ausstechen würde, würde man dagegen rebellieren und auch geeignete Worte des Protests finden. Aber wenn eine solche Bande durch die Kultur zieht und den menschlichen Verstand auslöschen will, sagt niemand ein Wort. Die Worte, die man dazu braucht, kann einem nur die Philosophie zur Verfügung stellen, aber die moderne Philosophie ist der Sponsor und Nährboden dieser Bande.

Der menschliche Geist ist viel komplexer und viel verletzlicher als der beste Computer. Wenn Sie in den Nachrichten ein Foto gesehen haben, wie Vandalen einen Computer zerschmettern, haben sie eine physische Konkretisierung des psychologischen Prozesses gesehen, der gerade stattfindet und aus den Schaufenstern von Galerien, von den Wänden angesagter Restaurants und teurer Büros, aus den Hochglanzseiten von Zeitschriften und den Film- und Fernsehschirmen kommt.

Verwesung ist die Fußnote nach dem Tod eines menschlichen Körpers; Desintegration ist das Vorwort zum Tod eines menschlichen Geistes. Desintegration ist der Grundton und das Ziel der modernen Kunst – die Desintegration des menschlichen Begriffsvermögens und die Rückentwicklung eines erwachsenen Geistes zum Zustand eines wimmernden Babys.

Wer Sprache zu Grunzen, Literatur zu „Stimmungen“, Malerei zu Schmierereien, Skulpturen zu Steinplatten und Musik zu Lärm reduziert, der will das menschliche Bewusstsein auf die Stufe der Sinneseindrücke reduzieren, ohne dass es noch die Fähigkeit hat, diese zu integrieren.

Aber es gibt ein philosophisch und psychopathologisch aufschlussreiches Element in dieser Gosse. Es demonstriert durch seine Abwesenheit die Beziehung von Kunst zu Philosophie, von Vernunft zum menschlichen Überleben, vom Hass auf die Vernunft zum Hass auf das Dasein. Nachdem die Philosophen jahrhundertelang Krieg gegen die Vernunft geführt haben, zeigen sie uns nun erfolgreich, wie es aussieht, wenn man Menschen ihr Vernunftvermögen raubt, und diese wiederum geben uns ein Bild davon, wie das Dasein für ein Wesen mit einem leeren Schädel aussieht.

Während die angeblichen Vertreter der Vernunft dagegen sind, „Systeme zu errichten" und entschuldigend um einzelne Worte oder mystische schwebende Abstraktionen feilschen, scheinen die Feinde der Vernunft zu wissen, dass *Integration* der psycho-epistemologische Schlüssel zur Vernunft ist, dass Kunst für den Menschen der psycho-epistemologische Konditionierer ist und dass, wenn man die Vernunft zerstören will, man dieses Integrationsvermögen zerstören muss.

Es ist höchst zweifelhaft, dass die modernen Künstler und ihre Bewunderer die intellektuelle Fähigkeit haben, ihre philosophische Bedeutung zu verstehen; sie müssen sich lediglich in ihren schlimmsten unterbewussten Prämissen suhlen. Aber ihre Anführer verstehen die Frage sehr bewusst: Der Vater der modernen Kunst ist Immanuel Kant (s. seine *Kritik der Urteilskraft*).

Ich weiß nicht, was schlimmer ist: moderne Kunst als riesigen Schwindel zu praktizieren oder sie ernsthaft zu betreiben.

Wer kein passives, stummes Opfer dieser Schwindler sein möchte, kann von der modernen Kunst die praktische Bedeutung der Philosophie und die Konsequenzen für philosophische Unterlassung lernen. Genauer gesagt wurden die Opfer durch die Zerstörung der Logik entwaffnet, und noch genauer durch die Zerstörung der Definitionen. Definitionen sind die Wächter der Rationalität, die erste Verteidigungslinie gegen das Chaos mentaler Desintegration.

Kunstwerke sind wie alles andere im Universum Entitäten mit einem spezifischen Wesen: Sie benötigen eine Definition durch ihre wesentlichen Eigenschaften, die sie von allen anderen existierenden Entitäten unterscheiden. Die *Gattung* von Kunstwerken lautet: vom Menschen gemachte Objekte, die eine selektive Neuerschaffung der Realität nach den metaphysischen Werturteilen des Künstlers durch ein spezifisches materielles Medium präsentieren. Die *Spezies* sind die Werke der verschiedenen Kunstzweige, definiert durch die speziellen Medien, die sie verwenden und die ihre Beziehung zu den verschiedenen Elementen des menschlichen Begriffsvermögens anzeigen.

Das Bedürfnis nach präzisen Definitionen stammt aus dem Gesetz der Identität: A gleich A, ein Ding ist es selbst. Ein Kunstwerk ist eine spezifische Entität, welche eine spezifische Natur besitzt. Wenn nicht, ist es kein Kunstwerk. Wenn es nur ein materielles Objekt ist, gehört es in irgendeine Kategorie materieller Objekte – und wenn es nicht in irgendeine bestimmte Kategorie gehört, gehört es in jene Kategorie, die für solche Phänomene reserviert ist: Müll.

„Etwas, das ein Künstler macht" ist *keine* Definition für Kunst. Ein Bart und ein leerer Blick sind *nicht* die definierenden Eigenschaften eines Künstlers.

„Etwas in einem Rahmen an der Wand" ist *keine* Definition für ein Gemälde.

„Etwas aus gebundenen Seiten" ist *keine* Definition für Literatur.

„Etwas Zusammengebasteltes" ist *keine* Definition für Bildhauerei.

„Etwas aus Geräuschen, die von irgendetwas gemacht werden" ist *keine* Definition für Musik.

„Etwas Zusammengeklebtes auf einer Fläche" ist *keine* Definition für irgendeine Kunst. Es gibt keine Kunst, die Kleber als Medium verwendet. Auf Papier geklebte Grashalme, die Gras darstellen sollen, sind vielleicht eine gute Beschäftigungstherapie für zurückgebliebene Kinder (auch wenn ich das bezweifle), aber es ist *nicht* Kunst.

„Weil mir danach war" ist *keine* Definition oder Validierung für irgendwas.

Für Launen gibt es in keiner menschlichen Aktivität Raum – wenn man sie als menschlich ansehen will. In keinem menschlichen Produkt gibt es Raum für das Unerkennbare, das Unverständliche, das Undefinierbare und das Nicht-Objektive. Außerhalb einer Irrenanstalt werden die Handlungen eines Menschen von einem bewussten Zweck motiviert; wenn nicht, sind sie für niemanden außer seinem Psychotherapeuten von Interesse.

Und wenn die modernen Künstler erklären, dass sie nicht wissen, was sie tun oder warum sie es tun, dann sollten wir sie beim Wort nehmen und ihnen keine weitere Beachtung schenken.

(April-Juni 1971)

5. Grundprinzipien der Literatur

Das wichtigste Prinzip der literarischen Ästhetik stammt von Aristoteles, der sagte, dass Erzählliteratur von größerer philosophischer Wichtigkeit sei als Geschichte, weil „Geschichte Dinge darstellt, wie sie sind, während Erzählliteratur sie darstellt, wie sie sein könnten und sein sollten."

Dies gilt für alle Literaturformen, und besonders für eine Form, die erst 23 Jahrhunderte später entstand: den Roman.

Ein Roman ist eine lange, fiktionale Geschichte über Menschen und die Ereignisse ihres Lebens. Die vier Kernmerkmale eines Romans sind: Thema, Handlung, Charakterisierung und Stil.

Dies sind *Merkmale*, nicht einzelne Teile. Sie können zu Studienzwecken begrifflich isoliert werden, aber man muss immer daran denken, dass sie miteinander in Beziehung stehen und dass ein Roman ihre Summe ausmacht. (Wenn es ein guter Roman ist, ist es eine unteilbare Summe.)

Diese vier Merkmale gelten mit einer Ausnahme für alle Literaturformen, d.h. für Erzählungen. Sie gelten für Romane, Theaterstücke, Drehbücher, Libretti und Kurzgeschichten. Die einzige Ausnahme sind Gedichte. Ein Gedicht muss keine Geschichte erzählen; seine Grundmerkmale sind Thema und Stil.

Der Roman ist hinsichtlich seines Umfangs, seines unerschöpflichen Potentials, seiner fast unbegrenzten Freiheit (einschließlich der Abwesenheit physischer Beschränkungen, denen ein Bühnenstück unterliegt) und besonders hinsichtlich der Tatsache, dass ein Roman eine rein *literarische* Kunstform ist, für die man keinen Vermittler aus den darstellenden Künsten braucht, *die* literarische Hauptform.

Ich möchte nun die vier Hauptmerkmale eines Romans behandeln, aber ich möchte Sie daran erinnern, dass die gleichen Grundprinzipien unter entsprechenden Bedingungen auch für alle anderen Literaturformen gelten.

1. Thema. Das Thema ist die Zusammenfassung der abstrakten Bedeutung eines Romans. Das Thema von *Der Streik* lautet z.B.: „Die Rolle des Verstandes im menschlichen Dasein." Das Thema von Victor Hugos *Die Elenden* lautet: „Die Ungerechtigkeit der Gesellschaft gegenüber den unteren Klassen." Das Thema von *Vom Winde verweht* lautet: „Die Auswirkungen des Bürgerkriegs auf die Gesellschaft der Südstaaten."

Ein Thema kann allgemein philosophisch oder eng gefasst sein. Es kann einen bestimmten moralisch-philosophischen oder einen rein geschichtlichen Standpunkt vertreten, wie z.B. die Darstellung einer bestimmten Gesellschaft in einer bestimmten Ära. Es gibt keine Regeln oder Beschränkungen bei der Auswahl eines Themas, vorausgesetzt, es ist in einem Roman vermittelbar. Aber wenn ein Roman kein erkennbares Thema hat – wenn seine Ereignisse sich zu nichts addieren –, ist es ein schlechter Roman; sein Fehler besteht in mangelnder Integration.

Louis H. Sullivans berühmtes Architekturprinzip „Form folgt Funktion" kann man übersetzen in „Form folgt Zweck". Das Thema eines Romans definiert seinen Zweck. Das Thema bestimmt den Auswahlmaßstab des Autors, leitet die unzähligen Entscheidungen, die er zu treffen hat und dient als Integrator des Romans.

Da ein Roman eine Neuerschaffung der Realität ist, muss sein Thema dramatisiert, d.h. durch Taten präsentiert werden. Leben ist ein Handlungsprozess. Der gesamte Inhalt eines menschlichen Bewusstseins – Gedanken, Wissen, Ideen, Werte – hat letztendlich nur eine Ausdrucksform: seine Taten; und nur einen letztendlichen Zweck: die Lenkung seiner Taten. Da das Thema eines Romans eine Idee über das menschliche Leben ist, muss diese Idee anhand ihrer Effekte auf oder ihres Ausdrucks in menschlichen Taten präsentiert werden.

Dies führt uns zum allerwichtigsten Merkmal eines Romans: der *Handlung*.

2. Handlung. Eine Geschichte durch Taten zu präsentieren bedeutet: durch Ereignisse zu präsentieren. Eine Geschichte, in der nichts passiert, ist keine Geschichte. Eine Geschichte, deren

Ereignisse planlos oder zufällig passieren, ist entweder eine unbeholfene Ansammlung oder bestenfalls eine Chronik, eine Erinnerung oder ein Bericht, aber *kein* Roman.

Eine reelle oder erfundene Chronik kann einen bestimmten Wert haben; aber dieser Wert ist primär (historisch, soziologisch oder psychologisch) informativ, nicht primär ästhetisch oder literarisch; er ist nur teilweise literarisch. Da Kunst eine selektive Neuerschaffung ist und da Ereignisse die Bausteine eines Romans sind, unterlässt ein Schriftsteller, der hinsichtlich der Ereignisse keine Selektivität ausübt, den wichtigsten Aspekt seiner Kunst.

Das Mittel, mit dem man diese Selektivität ausübt und mit dem man die Ereignisse der Geschichte integriert, ist die Handlung.

Eine Handlung ist eine zielgerichtete Abfolge von logisch zusammenhängenden Ereignissen, die zur Auflösung durch einen Höhepunkt führen.

Das Wort „zielgerichtet" hat in dieser Definition zwei Anwendungen: Es gilt für den Autor und die Figuren eines Romans. Es verlangt, dass sich der Autor eine logische Ereignisstruktur ausdenkt, eine Abfolge, in der jedes wichtige Ereignis mit den vorherigen Ereignissen der Geschichte in Zusammenhang steht, von ihnen bestimmt wird und aus ihnen hervorgeht – eine Abfolge, in der nichts irrelevant, willkürlich oder zufällig ist, sodass die Logik der Ereignisse unausweichlich zu einer finalen Auflösung führt.

Solch eine Abfolge kann man nicht konstruieren, wenn die Hauptpersonen des Romans keinen bestimmten Zweck verfolgen – wenn sie nicht von einem bestimmten Ziel angetrieben werden, das ihre Taten leitet. Im echten Leben kann nur ein zweckursächlicher Prozess (d.h. die Auswahl eines Ziels und die Umsetzung der dazu erforderlichen Schritte) menschlichen Taten logische Kontinuität, Stimmigkeit und Bedeutung verleihen.

Entgegen der heute vorherrschenden Lehren über Literatur verlangt *Realismus* eine Handlungsstruktur in einem Roman. Alle menschlichen Taten sind bewusst oder unterbewusst zielorientiert; Ziellosigkeit widerspricht der menschlichen Natur: Sie ist ein neurotischer Zustand. Wenn man daher den Menschen darstellen will, wie er ist – wie er metaphysisch, nach seiner Natur, in der Realität ist –, muss man ihn mit zielgerichteten Taten darstellen.

Die Naturalisten wenden ein, dass eine Handlung eine künstliche Erfindung sei, weil Ereignisse im „echten Leben" nicht in ein logisches Muster fielen. Diese Behauptung hängt ab vom Standpunkt des Betrachters, im buchstäblichen Wortsinn von „Standpunkt". Ein kurzsichtiger Mann, der einen halben Meter vor einer Hauswand steht und sie anstarrt, wird erklären, dass ein Stadtplan eine künstliche Erfindung sei. Das würde ein Pilot in einem Flugzeug, das zweitausend Meter über der Stadt fliegt, nicht sagen. Die Ereignisse im Leben eines Menschen folgen der Logik seiner Prämissen und Werte – und das kann man auch sehen, wenn man über die Spanne des unmittelbaren Augenblicks, die trivialen Nebensächlichkeiten, Wiederholungen und alltäglichen Ereignisse hinausblickt und das Wesentliche, die Wendepunkte und die Richtung eines Lebens ansieht. Und von diesem Standpunkt kann man auch sehen, dass die Unfälle oder Katastrophen, die menschliche Ziele verhindern oder erschweren, ein marginales und kein bestimmendes Element im Verlauf des menschlichen Daseins sind.

Die Naturalisten wenden ein, dass die meisten Menschen kein zielgerichtetes Leben führen. Aber selbst wenn ein Schriftsteller über langweilige Menschen schreibt, muss das nicht langweilig sein. Daher muss eine Geschichte über ziellose Menschen nicht ziellos sein (vorausgesetzt, dass einige seiner Figuren ein Ziel haben).

Die Naturalisten wenden ein, dass die Ereignisse im Leben der Menschen uneindeutig und diffus seien und selten in die eindeutigen, dramatischen Situationen mündeten, die eine Handlungsstruktur erfordert. Das stimmt überwiegend – und das ist das beste ästhetische Argument *gegen* den naturalistischen Standpunkt. Kunst ist eine selektive Neuerschaffung der Realität, ihre Mittel sind bewertende Abstraktionen, ihre

Aufgabe besteht aus der Konkretisierung von metaphysischen Kernfragen. Das Wesentliche eines Konflikts, eine einzige Frage oder eine einzige Szene, die im „wahren Leben" über Jahrzehnte in Form bedeutungsloser Konflikte verstreut ist, zu isolieren und zu bündeln, einen langen stetigen Sprühregen aus Schrot in die Explosion einer Atombombe zu verdichten – *das* ist die höchste, schwierigste und anspruchsvollste Funktion der Kunst. Bei dieser Funktion zu versagen bedeutet, bei der Hauptaufgabe der Kunst zu versagen und irgendwo am Rand herumzuspielen.

Zum Beispiel haben die meisten Menschen innere Wertkonflikte; diese Konflikte nehmen im Leben der meisten Menschen die Form kleiner Irrationalitäten, belangloser Ungereimtheiten, armseliger Ausflüchte und schäbiger Feigheiten an, ohne wichtige Entscheidungsmomente, ohne lebenswichtige Fragen oder große, entscheidende Schlachten – und sie addieren sich zu einem flauen, verschwendeten Leben eines Menschen, der all seine Werte wie ein tropfender Wasserhahn verraten hat. Vergleichen Sie das mit Gail Wynands Wertkonflikt in Bezug auf Howard Roarks Prozess in *Der Ursprung* und entscheiden Sie selbst, welches die richtige ästhetische Weise ist, um die Verwüstungen eines Wertkonflikts darzustellen.

Vom Aspekt der Universalität als wichtigem Merkmal von Kunst möchte ich hinzufügen, dass Gail Wynands Konflikt zwar eine weitreichende Abstraktion ist, die aber in ihrem Umfang reduziert werden kann, um auch für die Wertkonflikte eines Schuhverkäufers zu gelten. Aber die Wertkonflikte eines Schuhverkäufers kann man nicht auf Gail Wynand und nicht einmal auf einen anderen Schuhverkäufer anwenden.

Die Handlung eines Romans erfüllt dieselbe Funktion wie das Stahlskelett eines Wolkenkratzers: Sie bestimmt die Verwendung, Platzierung und Aufteilung aller anderen Elemente. Fragen wie die Anzahl der Figuren, Hintergrund, Beschreibungen, Unterhaltungen, introspektive Abschnitte usw. müssen danach bestimmt werden, was die Handlung trägt, d.h. sie müssen mit den Ereignissen integriert werden und zum Fortschritt der Geschichte beitragen. So wie man nicht wahllos Lasten oder Ornamentierungen auf ein Gebäude häufen kann, ohne die Stärke seines Skeletts zu überfordern, so kann man einen Roman nicht ohne Auswirkungen auf seine Geschichte mit Nebensächlichkeiten überfrachten. Die Strafe ist in beiden Fällen identisch: der Zusammenbruch der Struktur.

Wenn die Figuren eines Romans sich in langatmigen abstrakten Diskussionen über ihre Ideen ergehen, ihre Ideen aber ihre Handlungen oder die Ereignisse der Geschichte nicht beeinflussen, dann ist das ein schlechter Roman. Ein Beispiel dafür ist *Der Zauberberg* von Thomas Mann. Seine Figuren unterbrechen regelmäßig die Geschichte, um über das Leben zu philosophieren, wonach die Geschichte – oder der Mangel daran – weiterläuft.

Ein verwandtes, wenngleich andersartiges Beispiel für einen schlechten Roman ist *Eine Amerikanische Tragödie* von Theodore Dreiser. Hier versucht der Autor, einer abgedroschenen Geschichte Bedeutung zu verleihen, indem er sie an ein Thema heftet, das mit den Ereignissen nichts zu tun hat. Die Ereignisse drehen sich um ein uraltes Thema: das romantische Problem eines verkommenen kleinen Feiglings, der seine schwangere Freundin ermordet, um eine reiche Erbin zu heiraten. Das angebliche Thema lautet nach Angaben des Autors: „Die Übel des Kapitalismus."

Bei der Beurteilung eines Romans muss man die Ereignisse als Ausdruck seiner *Bedeutung* heranziehen, weil die Ereignisse zeigen, um was es in der Geschichte geht. Einen Roman, in dem es um nichts weiter geht als „Junge trifft Mädchen", wird keine noch so große Menge an esoterischen Diskussionen oder transzendentalen Themen in etwas anderes verwandeln als „Junge trifft Mädchen".

Dies führt zu einem Hauptprinzip guter Erzählliteratur: *Das Thema und die Handlung eines Romans müssen integriert sein* – so vollständig integriert wie Körper und Geist oder Denken und Handeln in einem rationalen Menschenbild.

Die Verbindung zwischen dem Thema und den Ereignissen eines Romans ist ein Element, das ich das *Handlungsthema* nenne. Es ist der erste Schritt der Übersetzung eines abstrakten Themas in eine Geschichte, ohne die die Konstruktion einer Handlung unmöglich wäre. Ein „Handlungsthema" ist der zentrale Konflikt oder die zentrale „Situation" einer Geschichte – ein Konflikt in punkto Handlung, der dem Thema entspricht und komplex genug ist, um eine zielgerichtete Abfolge von Ereignissen zu schaffen.

Das *Thema* eines Romans ist der Kern seiner abstrakten Bedeutung – das *Handlungsthema* ist der Kern seiner Ereignisse.

Das Thema von *Der Streik* lautet z.B. „Die Rolle des Verstandes im menschlichen Dasein". Das Handlungsthema lautet: „Die Verstandesmenschen treten gegen eine altruistisch-kollektivistische Gesellschaft in den Streik".

Das Thema von *Die Elenden* lautet: „Die Ungerechtigkeit der Gesellschaft gegen ihre unteren Klassen". Das Handlungsthema lautet: „Die lebenslange Flucht eines Ex-Sträflings vor der Verfolgung eines mitleidslosen Gesetzeshüters."

Das Thema von *Vom Winde verweht* lautet: „Die Auswirkungen des Bürgerkriegs auf die Gesellschaft der Südstaaten." Das Handlungsthema lautet: „Der romantische Konflikt einer Frau, die einen Mann der alten Ordnung liebt und von einem anderen geliebt wird, der die neue repräsentiert." (Margaret Mitchells Kunstfertigkeit liegt in diesem Roman in der Tatsache, dass die Entwicklungen des romantischen Dreiecks durch die Ereignisse des Bürgerkriegs bestimmt werden und in einer einzigen Handlungsstruktur andere Figuren einschließt, die repräsentativ für die verschiedenen Gesellschaftsstufen des Südens sind.)

Die Integration eines wichtigen Themas mit einer komplexen Handlungsstruktur ist für einen Schriftsteller die schwierigste und seltenste Leistung. Ihre großen Meister sind Victor Hugo und Dostojewski. Wenn Sie literarische Kunst in Vollendung sehen wollen, sehen Sie sich die Art und Weise an, wie die Ereignisse ihrer Romane aus ihren Themen hervorgehen, sie ausdrücken, illustrieren und dramatisieren: Die Integration ist so vollkommen, dass keine anderen Ereignisse das Thema hätten vermitteln können und kein anderes Thema die Ereignisse hätte schaffen können.

(Ich muss beiläufig erwähnen, dass Victor Hugo seine Geschichten unterbricht, um historische Essays einzuflechten, die verschiedene Aspekte seines Themas behandeln. Dies ist ein sehr schlimmer literarischer Fehler, aber diese Angewohnheit teilten viele Schriftsteller des 19. Jahrhunderts. Dies schmälert nicht Hugos Leistung, weil diese Essays ausgelassen werden können, ohne die Struktur des Romans anzutasten. Und obwohl sie nicht in einen Roman gehören, sind diese Essays an sich literarisch brillant.)

Da eine Handlung die Dramatisierung von zielgerichteten Taten ist, muss sie auf einem Konflikt basieren; es kann der innere Konflikt einer Figur sein oder ein Ziel- und Wertekonflikt zwischen zwei oder mehr Figuren. Da Ziele nicht automatisch erreicht werden, muss die Dramatisierung eines zielgerichteten Strebens Hindernisse einschließen; sie muss einen Konflikt, einen Kampf einschließen – aber nicht einen rein physischen. Da Kunst eine Konkretisierung von Werten ist, gibt es nicht viele Fehler, die so ästhetisch schlecht (oder langweilig) sind wie Schlägereien, Verfolgungsjagden, Flucht oder andere Formen physischer Handlung ohne jeden psychologischen Konflikt oder intellektuelle Wertbedeutung. Körperliche Aktion an sich ist keine Handlung und auch kein Ersatz dafür, was aber viele schlechte Schriftsteller besonders im Fernsehen versuchen.

Dies ist die andere Seite der Körper/Seele-Dichotomie, die die Literatur verseucht. Ideen oder psychologische Zustände, die von Handlungen abgetrennt sind, stellen keine Geschichte dar, genauso wenig wie Handlungen abgetrennt von Ideen und Werten.

Da das Wesen einer Handlung vom Wesen der handelnden Entitäten bestimmt wird, müssen die Taten der Figuren mit ihrem Wesen übereinstimmen und aus ihm hervorgehen. Dies führt uns zur dritten Haupteigenschaft eines Romans.

3. Charakterisierung. Charakterisierung ist die Darstellung jener wesentlichen Züge, die die einzigartige, unverwechselbare Persönlichkeit eines individuellen Menschen ausmachen.

Charakterisierung benötigt ein extremes Ausmaß an Selektivität. Der Mensch ist die komplexeste Entität auf Erden; die Aufgabe eines Schriftstellers besteht darin, das Wesentliche aus dieser enormen Komplexität auszuwählen und daraus eine individuelle Figur zu erstellen und sie bis ins Kleinste mit all den erforderlichen Details auszustatten, die nötig sind, um sie vollkommen real erscheinen zu lassen. Diese Figur muss eine Abstraktion sein und doch konkret wirken; sie muss die Universalität einer Abstraktion und gleichzeitig die unwiederholbare Einzigartigkeit einer *Person* besitzen.

Im wahren Leben haben wir nur zwei Informationsquellen über den Charakter der Menschen in unserer Umgebung: Wir beurteilen sie nach dem, was sie tun und was sie sagen (besonders ersteres). Dementsprechend kann die Charakterisierung in einem Roman nur durch zwei Mittel erreicht werden: Taten und Dialog. Beschreibende Abschnitte über die Erscheinung, das Benehmen usw. einer Figur können zu einer Charakterisierung beitragen, ebenso wie introspektive Abschnitte über die Gedanken und Gefühle der Figur und die Kommentare anderer Figuren. Aber dies sind nur Hilfsmittel, die ohne die beiden Säulen von Taten und Dialog wertlos sind. Um die Wirklichkeit einer Figur neu zu erschaffen, muss man zeigen, was sie tut und sagt.

Einer der schlimmsten Fehler, die ein Schriftsteller im Bereich der Charakterisierung begehen kann, besteht darin, Behauptungen über das Wesen seiner Figuren anzustellen, ohne Beweise für seine Behauptungen in ihren Handlungen anzuführen. Wenn ein Autor uns z.B. sagt, dass sein Held „tugendhaft, gutmütig, sensibel und heldenhaft“ ist, er aber nichts tut, außer die Heldin zu lieben, freundlich die Nachbarn zu grüßen, sich den Sonnenuntergang anzusehen und die Demokraten zu wählen, dann kann man das Ergebnis kaum eine Charakterisierung nennen.

Ein Schriftsteller muss wie jeder Künstler eine bewertende Neuerschaffung der Realität darstellen; es genügt nicht, seine Bewertungen ohne ein Bild der Realität nur zu beteuern. Im Bereich der Charakterisierung ist eine Tat mehr wert als tausend Adjektive.

Charakterisierung macht die Darstellung von wesentlichen Merkmalen erforderlich. Was *ist* also wesentlich im menschlichen Charakter?

Was meinen wir im wirklichen Leben, wenn wir sagen, dass wir jemanden nicht verstehen? Wir meinen, dass wir nicht verstehen, warum er das tut, was er tut. Und wenn wir sagen, dass wir jemanden gut kennen, meinen wir, dass wir seine Handlungen verstehen und wissen, was wir von ihm erwarten können. Was kennen wir also? Seine *Motivation.*

Motivation ist in der Psychologie und der Literatur ein Schlüsselbegriff. Die grundlegenden Prämissen und Werte formen den Charakter eines Menschen und bewegen ihn zum Handeln – und um den Charakter eines Menschen zu verstehen, müssen wir die Motivation hinter seinen Handlungen verstehen. Um zu wissen, „wie einer tickt", müssen wir fragen: „Worauf hat er es abgesehen?"

Um die Wirklichkeit seiner Figuren zu erschaffen, um sowohl ihr Wesen als auch ihre Taten verständlich zu machen, muss ein Schriftsteller ihre Motivation verraten. Er kann es schrittweise tun und sie uns stückchenweise verraten und die Beweise im Verlauf der Geschichte aufbauen, aber am Ende des Romans muss der Leser wissen, *warum* die Figuren getan haben, was sie getan haben.

Die Tiefe der Charakterisierung hängt von der psychologischen Motivationsstufe ab, die der Schriftsteller als ausreichend ansieht, um menschliches Verhalten zu erklären. In einem durchschnittlichen Krimi z.B. werden die Verbrecher motiviert durch die oberflächliche Idee „Geldgier" – aber ein Roman wie Dostojewskis *Schuld und Sühne* offenbart die Seele eines Verbrechers bis hin zu seinen philosophischen Grundsätzen.

Widerspruchsfreiheit ist für die Charakterisierung unerlässlich. Dies bedeutet nicht, dass eine Figur ihre Grundsätze konsequent vertreten muss. Einige der interessantesten Figuren der Literatur sind Menschen, die von inneren Konflikten zerrissen werden. Es bedeutet, dass der Autor in seiner Sicht der Psychologie der Figur konsequent sein muss und ihr keine unerklärlichen Taten erlauben darf, die nicht durch den Rest seiner Charakterisierung vorbereitet wurden oder ihr widersprechen. Es bedeutet, dass die Widersprüche einer Figur von Seiten des Autors nie *unabsichtlich* sein dürfen.

Um die innere Logik seiner Charakterisierungen aufrechtzuerhalten, muss ein Autor die logische Kette verstehen, die von den Motiven seiner Figuren zu ihren Taten führt. Um ihre widerspruchsfreie Motivation aufrechtzuerhalten, muss er ihre grundlegenden Prämissen und die Schlüsselhandlungen kennen, zu denen diese Prämissen sie im Verlauf der Geschichte führen werden. Wenn er die Szenen schreibt, in denen die Figuren auftauchen, bestimmen ihre Prämissen all die Details und Kleinigkeiten, die er miteinschließt. Solche Details sind unzählig, die Gelegenheiten zur Offenlegung des Charakters einer Figur sind buchstäblich unerschöpflich, und das Wissen darüber, was er offenzulegen hat, leitet die Auswahl des Autors.

Am besten kann man demonstrieren, was der Prozess der Charakterisierung leistet (die Mittel, mit denen sie vorgenommen wird und die katastrophalen Konsequenzen von Widersprüchen), wenn man ihn an einem spezifischen Beispiel demonstriert.

Ich möchte das anhand einer Szene aus *Der Ursprung* tun: einmal mit der Szene, wie sie im Roman steht, und dann als Vergleich mit einer zu diesem Zweck umgeschriebenen Version der gleichen Szene. Beide Versionen bestehen nur aus dem nackten Skelett der Szene, nur aus dem Dialog ohne die beschreibenden Abschnitte. Dies wird ausreichen, um den Prozess zu verdeutlichen.

Es ist die erste Szene, in der Howard Roark und Peter Keating zusammen auftauchen. Sie ereignet sich am Abend des

Tages, als Roark von der Universität verwiesen wird und Keating mit höchsten Ehren abschließt. Die Handlung dieser Szene zeigt einen jungen Mann, der den Rat eines anderen über eine berufliche Entscheidung einholt, die er treffen muss. Aber was für Menschen sind diese beiden? Wie sehen ihre Einstellungen, Grundsätze und Motive aus? Sehen Sie sich an, was man aus einer einzigen Szene lernen kann und wie viel Ihr Verstand automatisch registriert.

Hier ist die Originalszene aus dem Roman:

„Gratuliere, Peter", sagte Roark.

„Ach ... ach, danke ... Ich meine ... weißt du es, oder hat Mutter es dir gesagt?"

„Ja."

„Das hätte sie nicht tun sollen."

„Warum nicht?"

„Howard, es tut mir es entsetzlich leid, dass du ..."

„Vergiss es."

„Ich ... da ist etwas, was ich mit dir besprechen möchte, wozu ich gerne deinen Rat hätte. Du hast doch nichts dagegen, dass ich mich zu dir setze?"

„Worum geht's?"

„Du findest es hoffentlich nicht grausam, dass ich dich in einer beruflichen Angelegenheit um Rat frage, wo du gerade ..."

„Ich habe dir gesagt: Vergiss es. Worum geht's?"

„Du weißt, ich habe dich oft für verrückt gehalten. Aber ich weiß, du verstehst sehr viel von ... nun, von Architektur ... was diese Esel dort nicht verstehen. Und ich weiß, du liebst sie, wie die es nie fertigbringen werden."

„Und?"

„Ich weiß nicht, wieso ich eigentlich damit zu dir komme; aber ... Ich habe so etwas bisher nie gesagt, aber, weißt du, deine Meinung bedeutet mir mehr als die des Dekans ... Wahrscheinlich richte ich mich dann doch nach dem Dekan; aber deine Meinung ist mir im Grunde genommen wichtiger. Ich weiß nicht, warum. Ich weiß nicht einmal, warum ich dir das überhaupt erzähle."

„Raus mit der Sprache, du hast doch wohl keine Angst vor mir? Was willst du wissen?“

„Es ist wegen des Paris-Stipendiums, das ich bekommen habe.“

„Ja?“

„Es ist für vier Jahre. Andererseits hat mir Guy Francon schon vor einiger Zeit eine Stelle in seiner Firma angeboten. Heute hat er mir gesagt, dass die Stelle noch frei ist. Jetzt weiß ich nicht, was ich machen soll.“

„Wenn du meinen Rat willst, hast du schon einen Fehler gemacht. Es ist ein Fehler, mich oder überhaupt jemand zu fragen. Frage nie. Nicht über deine Arbeit. Weißt du nicht, was du willst? Wie kannst du es aushalten, das nicht zu wissen?“

„Das bewundere ich ja gerade an dir. Du weißt immer, was du willst.“

„Lass die Komplimente.“

„Aber es ist mein Ernst. Wie bringst du es nur fertig, immer eine Entscheidung zu treffen?“

„Wie kannst du andere für dich Entscheidungen treffen lassen?“

So steht die Szene im Roman. Und hier ist die neue, umgeschriebene Version:

„Gratuliere, Peter“, sagte Roark.

„Ach ... ach, danke ... Ich meine ... weißt du es, oder hat Mutter es dir gesagt?“

„Ja.“

„Das hätte sie nicht tun sollen.“

„Ach, das macht mir nichts.“

„Howard, es tut mir es entsetzlich leid, dass du ...“

„Danke, Peter.“

„Ich ... da ist etwas, was ich mit dir besprechen möchte, wozu ich gerne deinen Rat hätte. Du hast doch nichts dagegen, dass ich mich zu dir setze?“

„Komm, setz dich. Ich freue mich, wenn ich dir helfen kann.“

„Du findest es hoffentlich nicht grausam, dass ich dich in einer beruflichen Angelegenheit um Rat frage, wo du gerade ...“

„Nein. Aber es ist nett, dass du das sagst, Peter. Ich weiß das zu schätzen.“

„Du weißt, ich habe dich oft für verrückt gehalten.“

„Warum?“

„Na, wegen deiner Ideen über Architektur. Keiner ist je deiner Meinung. Keiner, der zählt. Nicht der Dekan und keiner der Professoren ... und sie wissen, wovon sie sprechen. Sie haben immer Recht. Ich weiß nicht einmal, warum ich dir das überhaupt erzähle.“

„Tja, jeder hat eben seine eigene Meinung. Was willst du wissen?“

„Es ist wegen des Paris-Stipendiums, das ich bekommen habe.“

„Für mich wäre das nichts. Aber ich weiß, dass es dir wichtig ist.“

„Es ist für vier Jahre. Andererseits hat mir Guy Francon schon vor einiger Zeit eine Stelle in seiner Firma angeboten. Heute hat er mir gesagt, dass die Stelle noch frei ist. Jetzt weiß ich nicht, was ich machen soll.“

„Wenn du meinen Rat willst, Peter, dann nimm die Stelle bei Guy Francon. Ich mache mir nichts aus seiner Arbeit, aber er ist ein sehr prominenter Architekt und du wirst viel bei ihm lernen.“

„Das bewundere ich ja gerade an dir. Du weißt immer, was du willst.“

„Ich versuche mein Bestes.“

„Wie machst du das?“

„Ich glaube, ich mache es einfach.“

„Aber verstehst du, ich bin mir nicht sicher, Howard. Über mich selbst. Du bist dir immer sicher.“

„Ach, das würde ich nicht sagen, Aber ich glaube, ich bin mir über meine Arbeit sicher.“

Dies ist ein Beispiel dafür, wie man eine Figur „menschlich macht".

Ein junger Leser, dem ich diese Szene zeigte, sagte mit erstaunter Empörung: „Er ist nicht schrecklich – er ist nur absolut gewöhnlich!"

Lassen Sie uns analysieren, was die beiden Szenen vermittelt haben. In der Originalszene sind Roark die Meinungen von Keating (und dem Rest der Welt) über seinen Verweis völlig egal. Er denkt nicht einmal an einen „Vergleichsmaßstab", an eine Beziehung zwischen seinem Verweis und Keatings Erfolg.

Roark ist höflich zu Keating, aber völlig gleichgültig.

Roark ist nur dann freundlich und lenkt nur dann ein, wenn Keating seinen Respekt für Roarks Ideen über Architektur zeigt und nur, wenn Keating aufrichtig ist.

Roarks Rat an Keating zum Thema Unabhängigkeit zeigt die Großzügigkeit, Keatings Problem ernst zu nehmen. Roark gibt ihm einen Rat, aber nicht zu einer spezifischen Entscheidung, sondern zu einem wichtigen Grundprinzip. Der wesentliche Unterschied zwischen ihren fundamentalen Prämissen zeigt sich in den letzten beiden Zeilen ihres Dialogs: *Keating*: „Wie bringst du es nur fertig, immer eine Entscheidung zu treffen?" – *Roark*: „Wie kannst du andere für dich Entscheidungen treffen lassen?"

In der umgeschriebenen Szene übernimmt Roark die Maßstäbe von Keating und seiner Mutter – die Einschätzung seines Verweises als Katastrophe und von Keatings Abschluss als Triumph –, ist aber großmütig.

Roark zeigt Interesse an Keatings Zukunft und will ihm helfen.

Roark akzeptiert Keatings Mitleidsbekundung.

Über Keatings beleidigenden Kommentar über seine Ideen zeigt sich Roark interessiert und fragt: „Warum?"

Roark respektiert alle Meinungsverschiedenheiten und zeigt somit eine nichtobjektive, relativistische Einstellung zu Ideen und Werten.

Roark gibt Keating einen spezifischen Ratschlag hinsichtlich seiner Entscheidung und findet nichts Falsches daran, dass Keating sich auf das Urteil eines anderen verlässt.

Roark gibt sich bescheiden über sein Selbstvertrauen und versucht, es zu minimieren. Er hält Selbstvertrauen nicht für einen wichtigen Wert, er sieht kein tieferes Prinzip, keinen Grund, warum er in Fragen, die nicht seine Arbeit betreffen, selbstbewusst sein sollte. Daher deutet er an, dass er bloß ein oberflächlicher, gegenständlich denkender Mensch ist, der in Bezug auf seine Arbeit etwas Integrität haben mag, aber keinen tieferen Begriff von Integrität, keine tieferen Prinzipien, keine philosophischen Überzeugungen oder Werte.

Wenn Roark ein solcher Typ von Mensch wäre, könnte er in der Schlacht, die er in den nächsten 18 Jahren zu schlagen hat, nicht länger als ein oder zwei Jahre bestehen, geschweige denn gewinnen. Wenn diese umgeschriebene Szene statt des Originals im Roman verwendet worden wäre (mit einigen anderen „abmildernden“ Elementen), würde kein nachfolgendes Ereignis Sinn ergeben. Roarks spätere Handlungen wären unbegreiflich, nicht zu rechtfertigen, psychologisch unmöglich, und seine Charakterisierung würde ebenso wie die Geschichte und somit der Roman auseinanderfallen.

Nun sollte es klar sein, warum die Hauptelemente eines Romans Merkmale und nicht einzelne Teile sind, und in welcher Weise sie miteinander in Beziehung stehen. Das Thema eines Romans kann nur durch die Ereignisse der Handlung vermittelt werden; die Ereignisse der Handlung hängen von der Charakterisierung der Figuren ab, die sie umsetzen – und die Charakterisierung kann nicht gelingen ohne die Ereignisse der Handlung, und die Handlung kann nicht ohne ein Thema konstruiert werden.

Diese Art von Integration wird vom Wesen eines Romans benötigt. Und darum ist ein guter Roman eine unteilbare Summe: Jede Szene, jede Sequenz und jeder Abschnitt eines guten Romans muss alle drei seiner Hauptmerkmale enthalten, voranbringen und dazu beitragen: Thema, Handlung, Charakterisierung.

Es gibt keine Regel dafür, welches dieser drei Merkmale einem Autoren zuerst einfallen muss und den Prozess der Konstruktion eines Romans einleiten muss. Ein Autor kann mit dem Thema beginnen und es dann in eine angemessene Handlung und die Figuren übersetzen, die man zu ihrer Umsetzung braucht. Oder er kann mit der Handlung beginnen (d.h. dem Handlungsthema), dann die Figuren bestimmen und die abstrakte Bedeutung definieren, die seine Geschichte zwangsläufig impliziert. Oder er kann mit dem Entwurf bestimmter Figuren beginnen, dann bestimmen, zu welchen Konflikten ihre Motive führen, welche Ereignisse daraus entstehen und was die letztendliche Bedeutung der Geschichte sein wird. Es ist egal, wo ein Autor anfängt, vorausgesetzt er weiß, dass alle drei Merkmale sich zu einer so gut integrierten Summe vereinen müssen, dass kein Startpunkt ausgemacht werden kann.

Die vierte Haupteigenschaft eines Romans, *der Stil*, ist das Mittel, mit dem die anderen drei präsentiert werden.

4. Stil. Das Thema „Stil“ ist so komplex, dass es nicht in einer einzigen Abhandlung abgedeckt werden kann. Ich möchte hier nur einige wesentliche Dinge behandeln.

Ein literarischer Stil hat zwei fundamentale Elemente (von denen jedes eine Vielzahl von Unterkategorien enthält): die „Inhaltswahl“ und die „Wortwahl“. Mit „Inhaltswahl“ meine ich jene Aspekte eines bestimmten Abschnitts (ob nun Beschreibung, Erzählung oder Dialog), die ein Autor vermitteln will (und welche die Überlegung miteinschließt, was man hereinnimmt oder auslässt). Mit „Wortwahl“ meine ich die bestimmten Worte und Satzstrukturen, die ein Autor zu ihrer Vermittlung verwendet.

Wenn ein Autor z.B. eine schöne Frau beschreibt, wird seine stilistische „Inhaltswahl“ bestimmen, ob er ihr Gesicht, ihren Körper, ihre Gestik oder Mimik usw. erwähnt (oder betont); ob die beteiligten Details wesentlich und bedeutsam oder zufällig und irrelevant sind; ob er sie durch Tatsachen oder Einschätzungen präsentiert usw. Seine „Wortwahl“ wird die emotionalen Implikationen, Konnotationen und Wertneigungen des spezifischen Inhalts vermitteln, die er vermitteln will. (Er wird einen anderen Effekt erzielen, wenn er eine Frau als „schlank“ oder „dünn“, als „gertenschlank“ oder „schlaksig“ usw. beschreibt.)

Lassen Sie uns den literarischen Stil zweier Auszüge aus zwei verschiedenen Romanen vergleichen. Beide sind Beschreibungen des gleichen Themas: New York City bei Nacht. Schauen Sie, welche der beiden die visuelle Wirklichkeit einer spezifischen Szene erschafft und welche sich mit vagen, emotionalen Behauptungen und schwebenden Abstraktionen beschäftigt.

Erster Auszug:

„Kein Mensch käme auf die Idee, zu Fuß über die Brücke zu gehen, jedenfalls nicht in einer Nacht wie dieser. Der Regen war ganz fein, beinahe ein Nebel, ein grauer, kalter Schleier, der mich von den bleichen Ovalen der Gesichter trennte, die hinter den beschlagenen Scheiben der vorüberzischenden Autos gefangen waren. Selbst das glitzernde Lichtermeer des nächtlichen Manhattan schien heute reduziert auf ein paar verschlafene, gelbliche Funzeln in weiter Entfernung.

Irgendwo da drüben hatte ich mein Auto stehenlassen und war zu Fuß losgegangen, den Kopf tief im Kragen meines Mantels vergraben und die Nacht wie eine Decke um meine Schultern gezogen. Ich war gegangen, ich hatte geraucht, und die runtergebrannten Stummel hatte ich in hohem Bogen vor mir auf das nasse Pflaster geworfen und ihnen zugesehen, wie sie noch einmal kurz aufglimmten, um dann mit einem zischenden Laut endgültig zu verlöschen.“

Zweiter Auszug:

„Die Stadt in dieser Stunde, in diesem Augenblick – sie traf mit vollendetem Gleichklang ins Herz seiner Jugend, sie wurde eins mit seinen höchsten Wünschen. Noch nie war ihm die Stadt so schön erschienen wie heute abend. Er sah zum erstenmal, dass es unter allen Großstädten der Welt keine herrlichere Nachtstadt gibt als New York. Ein unvergleichlicher, verblüffender Zauber entfaltete sich hier, gewissermaßen eine moderne Schönheit, von Stadt und Zeit geprägt, an die kein anderer Ort, keine andere Zeit heranreichte. Die nächtliche Schönheit anderer Städte – Paris, von der Butte von Sacré Coeur aus gesehen, wie ein geheimnisvoller Sternenatlas ausgebreitet und hier und da vom sinnlich-trägen, mysteriösen Glanz nächtlicher Blüten umschwebt, oder Londons dunstige Aura aus nebelverhangenen Lichtern, die sich erregend weit ins Unendliche verlor – jede Stadt hatte ihren persönlichen Reiz, ihr besonderes Geheimnis und ließ sich dennoch nicht vergleichen mit der Schönheit von New York bei Nacht."

Der erste Auszug stammt aus Mickey Spillanes Roman *Menschenjagd in Manhattan*, der zweite Auszug stammt aus Thomas Wolfes Roman *Geweb und Fels*.

Beide Autoren mussten eine visuelle Szene erschaffen und eine bestimmte Stimmung vermitteln. Beachten Sie den Unterschied in ihren Methoden. In Spillanes Beschreibung gibt es nicht ein einziges emotionales Wort oder Adjektiv; er präsentiert nur visuelle Tatsachen; aber er selektiert nur jene Tatsachen, nur jene Details, die die visuelle Wirklichkeit der Szene vermitteln und eine Stimmung trostloser Einsamkeit erzeugen. Wolfe beschreibt nicht die Stadt; er gibt uns nicht ein einziges charakteristisches visuelles Detail. Er behauptet, dass die Stadt „schön" sei, sagt uns aber nicht, *was* sie schön macht. Solche Worte wie „schön", „erstaunlich", „unvergleichlich", „packend" oder „entzückend" sind Einschätzungen; in der Abwesenheit von Belegen, was die Einschätzungen verursacht, sind sie willkürliche Behauptungen und bedeutungslose Generalisierungen.

Spillanes Stil ist realitätsorientiert und richtet sich an eine objektive Psycho-Epistemologie: Er stellt die Tatsachen bereit und erwartet vom Leser, dementsprechend zu reagieren. Wolfes Stil ist emotionsorientiert und richtet sich an eine subjektive Psycho-Epistemologie: Er erwartet vom Leser, Emotionen ohne Tatsachen zu übernehmen, und zwar aus zweiter Hand.

Spillane muss man konzentriert lesen, weil der Leser selbst die Tatsachen einschätzen und eine dementsprechende Emotion hervorbringen muss; wenn man ihn unfokussiert liest, bekommt man nichts – es gibt keine losen, vorgefertigten Generalisierungen und keine vorverdauten Gefühle. Wenn man Wolfe unfokussiert liest, bekommt man eine vage, hochtrabende Annäherung, die einem suggeriert, dass er etwas Wichtiges oder Erhebendes gesagt hat; wenn man ihn konzentriert liest, sieht man, dass er nichts gesagt hat.

Dies sind nicht die einzigen Merkmale eines literarischen Stils. Ich habe diese Beispiele nur verwendet, um einige sehr umfassende Kategorien anzudeuten. Viele andere Elemente stecken in diesen beiden Auszügen und in jedem Stück Literatur. Stil ist der komplexeste und psychologisch enthüllendste Aspekt der Literatur.

Aber Stil ist kein Selbstzweck, sondern ein Mittel zum Zweck – das Mittel zum Erzählen einer Geschichte. Der Autor, der einen schönen Stil, aber nichts zu sagen hat, repräsentiert eine Art angehaltener ästhetischer Entwicklung; er ist wie ein Pianist mit brillanter Technik, der aber nie ein Konzert gibt.

Das typische literarische Produkt solcher Schriftsteller – und ihrer Imitatoren, die keinen Stil haben – sind sogenannte „Stimmungsbilder", kleine Stücke, die nur eine bestimmte Stimmung vermitteln. Solche Stücke sind keine Kunstform – sie sind lediglich Fingerübungen, die nie zu Kunst werden.

Kunst ist eine Neuerschaffung der Realität, die die Stimmung des Lesers beeinflusst; dies ist jedoch nur eines der Nebenprodukte von Kunst. Aber der Versuch, die Stimmung des Lesers ohne eine bedeutsame Neuerschaffung der Realität zu beeinflussen, ist ein Versuch, das Bewusstsein vom Sein abzuspalten – das Bewusstsein, nicht die Realität zum Brennpunkt der Kunst zu machen, eine momentane Emotion, eine *Stimmung*, als Selbstzweck anzusehen.

Sehen Sie sich an, dass moderne Maler Farbkleckse über einer unbeholfenen Zeichnung prahlerisch als „Farbharmonie" darstellen – während Farbharmonie für einen echten Maler nur eines der Mittel ist, die er zur Erlangung eines viel komplexeren und wichtigeren Ziels meistern muss. In ähnlicher Weise bieten moderne Schriftsteller aufrüttelnde Sätze, die sich zu einer trivialen Charakterskizze zusammenfügen, und prahlen dann über die „Stimmung", die sie geschaffen haben – während für einen echten Schriftsteller die Erschaffung einer Stimmung nur eines der Mittel ist, die er zur Erlangung solch komplexer Elemente wie Thema, Handlung und Charakterisierung meistern muss, die in ein so gigantisches Ziel wie *einen Roman* integriert werden müssen.

Diese spezielle Frage ist eine deutliche Illustration für die Beziehung zwischen Philosophie und Kunst. So wie die moderne Philosophie von dem Versuch motiviert wird, die begriffliche (und sogar die wahrnehmende) Stufe des menschlichen Bewusstseins zu zerstören und es auf die Stufe von reinen Sinnesdaten zu reduzieren, so werden die moderne Kunst und Literatur motiviert vom Versuch, das menschliche Bewusstsein zu desintegrieren und es auf reine Sinneseindrücke zu reduzieren – auf den „Genuss" bedeutungsloser Farben, Geräusche und Stimmungen.

Die Kunst einer jeden Periode oder Kultur ist ein getreuer Spiegel der Philosophie dieser Kultur. Wenn Sie die obszönen, zerstückelten Monstrositäten sehen, die Sie aus den ästhetischen Spiegeln von heute angrinsen – die abgetriebenen Geschöpfe der Mittelmäßigkeit, der Irrationalität und der Panik –, dann sehen Sie die verkörperte, konkretisierte Wirklichkeit der philosophischen Prämissen, die die heutige Kultur beherrschen. Nur in diesem Sinne kann man diese Manifestationen „Kunst" nennen – nicht aufgrund der Absichten oder Leistungen ihrer Urheber, sondern nur aufgrund der Tatsache, dass man, selbst wenn man das Gebiet der Kunst an sich reißt, ihrer enthüllenden Macht nicht entkommen kann.

Es ist ein erschreckender Anblick, hat aber einen gewissen didaktischen Wert: Wer seine Zukunft nicht der Gnade und Macht glotzäugiger Monster ausliefern will, kann lernen, welcher Sumpf ihre Brutstätte ist und welches Desinfektionsmittel man braucht, um sie zu bekämpfen. Der Sumpf ist die moderne Philosophie; das Desinfektionsmittel ist die Vernunft.

(Juli-August 1968)

6. Was ist Romantik?

Romantik ist eine Kunstkategorie, die auf der Anerkennung des Prinzips basiert, dass der Mensch freien Willen besitzt.

Kunst ist eine selektive Neuerschaffung der Realität nach den metaphysischen Werturteilen eines Künstlers. Ein Künstler erschafft jene Aspekte der Realität, die sein fundamentales Welt- und Menschenbild darstellen. Bei der Bildung eines Menschenbildes lautet eine der zu beantwortenden fundamentalen Fragen, ob der Mensch freien Willen besitzt – weil alle Schlussfolgerungen und Bewertungen hinsichtlich der Merkmale, Erfordernisse und Handlungen des Menschen von dieser Antwort abhängen.

Die gegensätzlichen Antworten auf diese Frage stellen die jeweiligen Grundprämissen zweier Kunstkategorien dar: Romantik, die die Existenz des menschlichen Willens anerkennt, und Naturalismus, der sie abstreitet.

Auf dem Gebiet der Literatur bestimmen die logischen Konsequenzen dieser (bewussten oder unterbewussten) Grundprämissen die Form der Schlüsselelemente eines literarischen Werkes.

1. Wenn der Mensch freien Willen hat, dann ist der wichtigste Aspekt seines Lebens seine Wertauswahl; wenn er Werte wählt, muss er handeln, um sie zu erlangen und/oder zu behalten; wenn dem so ist, muss er sich Ziele setzen und zielgerichtet agieren, um sie zu erreichen. Die literarische Form, die den Kern solcher Taten ausdrückt, ist die Handlung. (Die Handlung ist die zielgerichtete Abfolge von logisch verbundenen Ereignissen, die zur Auflösung in einem Höhepunkt führen.)

Die Fähigkeit des freien Willens operiert hinsichtlich der beiden fundamentalen Aspekte des menschlichen Lebens: Bewusstsein und Sein, d.h. psychologische Handlung und existentielle Tat, d.h. die Bildung des eigenen Charakters und das Vorgehen, das man in der physischen Welt verfolgt. Daher müssen in einem literarischen Werk sowohl die Charakterisierungen als auch die Ereignisse vom Autor nach seiner Ansicht über die Rolle von Werten in der menschlichen Psychologie und Existenz geschaffen werden (und nach dem Wertekanon, den er für richtig hält). Seine Figuren sind abstrakte Projektionen, nicht Reproduktionen von konkreten Personen; sie werden begrifflich erfunden, nicht nach den jeweiligen Individuen kopiert, die er vielleicht beobachtet hat. Die spezifischen Charaktereigenschaften dieser Individuen sind bloß der Beweis für ihre jeweilige Wertewahl und haben keine weitere metaphysische Bedeutung (außer als Material für das Studium der allgemeinen Prinzipien der menschlichen Psychologie); sie erschöpfen nicht das menschliche charakterologische Potential.

2. Wenn der Mensch keinen freien Willen besitzt, werden sein Leben und sein Charakter von Kräften jenseits seiner Kontrolle bestimmt; also ist ihm eine Wertewahl nicht möglich; also sind die Werte, die er vermeintlich vertritt, nur eine Illusion, die von den Kräften vorherbestimmt wurden, denen er nicht widerstehen kann; also ist er unfähig, seine Ziele zu erreichen oder zielgerichtet zu handeln – und wenn er der Illusion einer solchen Handlung unterliegt, wird er von jenen Kräften besiegt werden, und sein Scheitern (oder gelegentlicher Erfolg) wird keinen Bezug zu seinen Taten haben. Die literarische Form, die den Kern dieser Idee ausdrückt, ist die Abwesenheit einer Handlung (da es keine zielgerichtete Abfolge von Ereignissen, keine logische Kontinuität, keine Auflösung und keinen Höhepunkt geben kann).

Wenn der Charakter des Menschen und sein Lebensweg ein Produkt von unbekannten (oder unerkennbaren) Kräften ist, dann werden in einem literarischen Werk sowohl die Charakterisierungen als auch die Ereignisse vom Autor nicht erfunden, sondern von bestimmten Charakteren und Ereignissen kopiert, die er beobachtet hat. Da er die Existenz von effektiven motivierenden Prinzipien in der menschlichen Psychologie abstreitet, kann er seine Figuren nicht begrifflich erschaffen. Er kann nur die Menschen, die er trifft, beobachten, so wie er unbelebte Objekte sieht, und sie reproduzieren – mit der impliziten Hoffnung, dass man in solchen Reproduktionen einen Hinweis auf die unbekannten Kräfte finden kann, die das menschliche Schicksal kontrollieren.

Diese Grundprämissen der Romantik und des Naturalismus (die Prämisse des freien Willens oder seiner Abwesenheit) betreffen alle anderen Aspekte eines literarischen Werkes wie die Auswahl des Themas und die Qualität des Stils, aber der Aufbau der Geschichte – die Merkmale der Handlung oder ihre Abwesenheit – repräsentiert den wichtigsten Unterschied zwischen ihnen und dient als wichtigstes Unterscheidungsmerkmal für die Zuweisung eines bestimmten Werkes in die eine oder andere Kategorie.

Dies bedeutet nicht, dass ein Autor all die Konsequenzen seiner Grundprämisse durch einen bewussten Denkprozess identifiziert und anwendet. Kunst ist eher das Produkt seiner unterbewussten Integrationen (seines Lebensgefühls) als seiner bewussten philosophischen Überzeugungen. Selbst die Auswahl der Grundprämisse mag unterbewusst sein, da Künstler wie alle anderen Menschen ihr Lebensgefühl selten bewusst übersetzen. Und da das Lebensgefühl eines Künstlers so voller Widersprüche sein kann wie das jedes anderen Menschen, werden diese Widersprüche in seiner Arbeit offenbar. Die Trennlinie zwischen Romantik und Naturalismus wird nicht in jedem Aspekt eines bestimmten Kunstwerks konsequent eingehalten (besonders wenn eine dieser Grundprämissen falsch ist). Aber wenn man das Gebiet der Kunst und seine Werke begutachtet, wird man sehen, dass die Beständigkeit in den Konsequenzen dieser beiden Grundprämissen eine bemerkenswerte Demonstration für die Macht metaphysischer Prämissen im Bereich der Kunst ist.

Mit sehr seltenen (und unvollständigen) Ausnahmen gibt es in der heutigen Literatur keinerlei Romantik. Das ist nicht erstaunlich, wenn man sich das erdrückende Gewicht der philosophischen Trümmer ansieht, unter denen ganze Generationen groß geworden sind – Trümmer, die von den Lehren des Irrationalismus und Determinismus beherrscht werden. In ihren jungen Jahren konnten sie nicht viele Indizien finden, auf denen sie ein rationales, wohlwollendes, wertorientiertes Lebensgefühl hätten aufbauen können, weder in philosophischer Theorie noch in deren kulturellen Echos oder in der täglichen Praxis der passiv verfallenden Gesellschaft um sie herum.

Aber sehen Sie sich die psychologischen Symptome einer unerkannten, unidentifizierten Frage an: die intensive, giftige Feindseligkeit der ästhetischen Wortführer gegen jede Manifestation der romantischen Prämisse in der Kunst. Besonders die Merkmale der Handlung in der Literatur erwecken eine leidenschaftliche Feindschaft in ihnen – eine Feindschaft mit zutiefst persönlichen Untertönen, die zu heftig für eine Frage rein literarischer Grundsätze ist. Wenn Handlung ein zu vernachlässigendes und unangebrachtes Element der Literatur wäre, wie sie behaupten, warum dann der hysterische Hass in ihren Angriffen? Eine solche Reaktion richtet sich auf *metaphysische* Fragen, d.h. auf Fragen, die die Fundamente des eigenen Weltbildes bedrohen (wenn dieses Bild irrational ist). Sie nehmen in einer Handlungsstruktur die implizite Prämisse des freien Willens (und daher von moralischen Werten) wahr. Die gleiche Reaktion ruft aus den gleichen unterbewussten Gründen Elemente wie Helden, Happy Ends, der Triumph der Tugend oder (in den bildenden Künsten) Schönheit hervor. Körperliche Schönheit ist keine moralische oder willentliche Frage, aber die *Entscheidung*, lieber einen schönen als einen hässlichen Menschen zu malen, impliziert freien Willen: die Existenz von Wahlfreiheit, Maßstäben und Werten.

Die Zerstörung der Romantik in der Ästhetik wurde – genau wie die Zerstörung von Individualismus in der Ethik oder von Kapitalismus in der Politik – durch philosophische Unterlassung möglich gemacht. Sie ist eine weitere Demonstration für das Prinzip, dass das, was der Mensch nicht explizit kennt, nicht seiner bewussten Kontrolle unterliegt. In allen drei Fällen wurde das Wesen der jeweiligen fundamentalen Werte nie explizit definiert, alle Fragen wurden nur unter unwesentlichen Gesichtspunkten behandelt, und die Werte wurden von Menschen zerstört, die nicht wussten, was sie verloren und warum.

Dies war das vorherrschende Muster im Bereich der Ästhetik, die gewissermaßen immer ein Monopol des Mystizismus gewesen ist. Die hier genannte Definition der Romantik ist meine eigene – sie ist weder allgemein bekannt noch akzeptiert. Es gibt keine allgemein akzeptierte Definition von Romantik (und auch nicht von den Schlüsselelementen der Kunst oder der Kunst selbst).

Die Romantik ist ein Produkt des 19. Jahrhunderts, ein (größtenteils unterbewusstes) Resultat zweier bedeutender Einflüsse: Aristotelismus, der den Menschen durch die Validierung seiner Verstandeskraft befreite, und Kapitalismus, der dem menschlichen Geist die Freiheit gab, Ideen in die Praxis umzusetzen (der zweite dieser Einflüsse war selbst das Resultat des ersten). Aber während die praktischen Konsequenzen des Aristotelismus sich im Alltag der Menschen zeigten, war sein theoretischer Einfluss lange vorüber: Die Philosophie hatte sich seit der Renaissance überwiegend zum Mystizismus von Plato zurückentwickelt. Daher standen die historisch beispiellosen Ereignisse des 19. Jahrhunderts – die Industrielle Revolution, die wundersame Geschwindigkeit der wissenschaftlichen Erkenntnisse, der explodierende Lebensstandard, der befreite Strom menschlicher Energie – ohne intellektuelle Richtung oder Würdigung da. Das 19. Jahrhundert wurde nicht von einer aristotelischen Philosophie, sondern von einem *aristotelischen Lebensgefühl* gelenkt (und verzehrte sich wie ein brillant ungestümer Jugendlicher, der sein Lebensgefühl nicht in bewusste Begriffe übersetzt und sich durch die blinde Verwirrung seiner eigenen übersprudelnden Energie selbst abwürgt).

Wie auch immer ihre bewussten Überzeugungen ausgesehen haben mögen, so übernahmen die Künstler der neuen Schule – die Romantiker – ihr Lebensgefühl aus der kulturellen Atmosphäre: einer Atmosphäre, die von der Entdeckung der Freiheit berauscht war, in der all die uralten Trutzburgen der Tyrannei – die Kirche, der Staat, die Monarchie und der Feudalismus – zusammenbrachen und Platz machten für grenzenlose Möglichkeiten und Energie in alle Richtungen. Diese Atmosphäre drückt sich am besten im naiven, überschwänglichen und tragischen Glauben aus, dass der menschliche Fortschritt von nun an unwiderstehlich und *automatisch* sein würde.

Ästhetisch waren die Romantiker die großen Rebellen und Erneuerer des 19. Jahrhunderts. Aber in ihren bewussten Überzeugungen waren sie meistens anti-aristotelisch und tendierten zu einem wilden, ungezügelten Mystizismus. Sie hielten ihre eigene Rebellion nicht für fundamental; sie rebellierten – im Namen der künstlerischen Freiheit – nicht gegen Determinismus, sondern viel oberflächlicher gegen das ästhetische „Establishment" der Zeit: gegen den *Klassizismus*.

Klassizismus (ein Beispiel für viel größere Oberflächlichkeit) war eine Schule, die einen Satz von willkürlichen, *konkret* detaillierten Regeln ausgearbeitet hatte, die angeblich die endgültigen und absoluten Kriterien für ästhetischen Wert repräsentieren sollten. In der Literatur bestanden diese Regeln aus spezifischen Vorschriften, die lose von den griechischen (und französischen) Tragödien abgeleitet wurden, die jeden formellen Aspekt eines Theaterstücks vorschrieben (wie z.B. die Einheit von Zeit, Ort und Handlung) bis hin zur Anzahl der Akte und der Anzahl der für jede Figur zulässigen Verse pro Akt. Manches von diesem Zeug basierte auf der Ästhetik des Aristoteles und kann als Beispiel dafür dienen, was passiert, wenn eine gegenständlich denkende Gesinnung mit dem Versuch, die Verantwortung des Denkens zu umgehen, abstrakte Prinzipien in konkrete Vorschriften verwandeln und Kreativität durch Imitation ersetzen will. (Ein Beispiel für Klassizismus, der bis weit in das 20. Jahrhundert überlebt hat, finden Sie in den architektonischen Dogmen, die Howard Roarks Gegenspieler in *Der Ursprung* vertreten.)

Obwohl die Klassizisten (außer den üblichen Appellen an Tradition, Gelehrsamkeit und dem Prestige der Antike) keine Antwort darauf hatten, warum ihre Regeln gültig sein sollten, wurde diese Schule als Repräsentant der *Vernunft* angesehen (!).

So sahen die Wurzeln einer der grausigsten Ironien der Kulturgeschichte aus: Die frühen Versuche, das Wesen der Romantik zu definieren, besagten, dass ihre ästhetische Schule auf dem *Primat der Emotionen* basiere – anders als die Vorkämpfer des Primats der Vernunft, die Klassizisten (und später die Naturalisten). In verschiedenen Formen lebt diese Definition bis in unsere Tage fort. Es ist ein Beispiel für die intellektuell katastrophalen Konsequenzen von Definitionen durch Unwesentliches – und ein Beispiel für den Preis, den man zahlen muss, wenn man mit einer nicht-philosophischen Einstellung an kulturelle Phänomene herangeht.

Man kann das missverstandene Element der Wahrheit sehen, das diese frühe Klassifikation hervorbrachte. Die Romantiker brachten das *Primat der Werte* in die Kunst, ein Element, das in den abgestandenen, öden Wiederholungen aus dritter oder vierter Hand der Klassizisten fehlte. Werte (und Werturteile) sind der Ursprung der Emotionen; eine Unmenge an emotionaler Intensität fand sich in den Werken der Romantiker und in den Reaktionen ihres Publikums, genau wie eine Unmenge an Farbe, Phantasie, Originalität, Begeisterung und all die anderen Konsequenzen eines wertorientierten Weltbildes. Dieses emotionale Element war das am leichtesten wahrnehmbare Merkmal der neuen Bewegung, und man hielt es ohne weitere Nachforschungen für ihr definierendes Kriterium.

Solche Fragen wie die Tatsache, dass das Primat der Werte im menschlichen Leben nicht unreduzierbar ist, dass es auf dem Vermögen des freien Willens beruht und dass die Romantiker philosophisch gesehen daher Vorkämpfer des freien Willens (was der Ursprung von Werten ist) und nicht von Emotionen waren (die nur die Konsequenzen sind), hätten von Philosophen definiert werden müssen, die aber auf dem Gebiet der Ästhetik wie bei jedem anderen wichtigen Aspekt des 19. Jahrhunderts versagten.

Die noch tiefer liegende Frage, die Tatsache, dass das Vernunftvermögen das Willensvermögen ist, war damals nicht bekannt, und die verschiedenen Theorien des freien Willens hatten größtenteils einen anti-rationalen Charakter, was die Assoziation von freiem Willen mit Mystizismus verstärkte.

Die Romantiker sahen ihre Sache primär als Schlacht um ihr Recht auf Individualität an, und da sie unfähig waren, die tiefste metaphysische Rechtfertigung ihrer Sache zu begreifen und ihre Werte vernünftig zu identifizieren, kämpften sie für Individualität im Namen ihrer *Gefühle* und überließen das Banner der Vernunft ihren Feinden.

Es gab andere, kleinere Konsequenzen in diesem fundamentalen Irrtum, die allesamt Symptome der intellektuellen Verwirrung dieser Zeit waren. Die Romantiker tasteten blind nach einer metaphysisch orientierten, umfassenden, erhabenen Lebensweise umher und waren vorwiegend Feinde des Kapitalismus, den sie für ein prosaisches, materialistisches, „kleinbürgerliches" System hielten. Sie erkannten nicht, dass er das einzige System war, das Freiheit, Individualität und das Streben nach Werten in der Praxis möglich machen konnte. Einige waren Vertreter des Sozialismus; einige wandten sich dem Mittelalter zu und verherrlichten diese Alptraumära schamlos; einige endeten dort, wo die meisten Vorkämpfer des Nicht-Rationalen enden: bei der Religion. All das trug zum beschleunigten Bruch der Romantik mit der Realität bei.

Als der Naturalismus in der zweiten Hälfte des 19. Jahrhunderts an Bedeutung gewann und unter dem Deckmäntelchen der Vernunft und der Realität die Pflicht des Künstlers proklamierte, „Dinge wie sie sind" darzustellen, hatte die Romantik wenig Gegenargumente anzubieten.

Ich muss anmerken, dass Philosophen zu der Verwirrung um den Begriff „Romantik" beitrugen. Sie machten den Namen „romantisch" an bestimmten Philosophen fest (wie z.B. Schelling oder Schopenhauer), die geschworene Mystiker waren und die Überlegenheit der Gefühle, Instinkte oder des Willens vertraten. Diese philosophische Bewegung hatte keine bedeutsame Beziehung zur Romantik in der Ästhetik, und man darf diese beiden Bewegungen nicht verwechseln. Die allgemeine Nomenklatur ist in gewisser Hinsicht jedoch bedeutsam: Sie zeigt die Tiefe der Verwirrung über das Thema des freien Willens. Die Theorien der „romantischen" Philosophen waren ein bösartiger, lebenshassender Versuch, den freien Willen im Namen ihrer *Launen* zu vertreten, während die romantischen Ästhetiker blind umhertasteten, um freien Willen im Namen des menschlichen Lebens und menschlicher Werte hier auf der Erde aufrechtzuerhalten. Im Kern ist das strahlende Sonnenlicht von Victor Hugos Universum das genaue Gegenteil der gehässigen Jauchegrube eines Schopenhauer. Nur ein philosophisches Paketangebot könnte diese beiden in die gleiche Kategorie packen. Aber diese Frage demonstriert die Wichtigkeit des Themas „freier Wille“ und die grotesken Verzerrungen, die es annimmt, wenn man dessen Wesen nicht erkennt. Diese Frage kann auch als Illustration dafür dienen, wie wichtig es ist, dass man freien Willen als Funktion des Vernunftvermögens erkennt.

Vor geraumer Zeit haben einige Literaturhistoriker die Definition von Romantik als gefühlsorientierte Schule verworfen und haben erfolglos versucht, sie neu zu definieren. Wenn man der Fundamentalitätsregel folgt, muss man Romantik als willensorientierte Schule definieren – und durch dieses wesentliche Merkmal kann man das Wesen und die Geschichte der romantischen Literatur verfolgen und verstehen.

Die (impliziten) Maßstäbe der Romantik sind so anspruchsvoll, dass es trotz der Vielzahl an romantischen Schriftstellern, die sie in ihrer Blüte hervorgebracht hatte, nur sehr wenige reine, konsequente Romantiker ersten Ranges gibt. Bei den Romanschriftstellern zählen Victor Hugo und Dostojewski zu den größten ihrer Art – und als einzelne Romane (deren Autoren beim Rest ihrer Werke nicht immer konsequent waren) würde ich Henryk Sienkiewiczs *Quo Vadis* und Nathaniel Hawthornes *Der scharlachrote Buchstabe* nennen. Bei den Dramatikern sind Friedrich Schiller und Edmond Rostand die besten.

Das entscheidende Merkmal dieser Vertreter ist (neben ihrem rein literarischen Genie) ihre vollkommene Verpflichtung zur Prämisse des freien Willens *in beiden fundamentalen Bereichen*: in Bezug auf Bewusstsein und Sein, in Bezug auf den menschlichen Charakter und seine Handlungen in der physischen Welt. Diese Schriftsteller interessieren sich enorm für die menschliche Seele (d.h. für sein Bewusstsein); sie behalten die perfekte Integration dieser beiden Aspekte bei und sind unübertroffen in der strahlenden Genialität ihrer Handlungsstrukturen. Sie sind im tiefsten Sinne des Wortes *Moralisten*; ihr Interesse richtet sich nicht bloß auf Werte, sondern besonders auf *moralische* Werte und auf ihre Macht bei der Bildung des menschlichen Charakters. Ihre Figuren sind „überlebensgroß“, d.h. sie sind abstrakte Projektionen des Wesentlichen (aber darin nicht immer erfolgreich, wie wir später sehen werden). In ihren Geschichten wird man nie Taten um der Taten willen finden, oder Taten, die keinen Bezug zu moralischen Werten haben. Die Ereignisse ihrer Handlungen werden durch die Werte der Figuren (oder den Verrat dieser Werte) bestimmt und motiviert, durch ihr Bemühen im Streben nach geistigen Zielen und durch tiefe Wertkonflikte. Ihre Themen sind fundamentale, universelle und zeitlose Fragen des menschlichen Daseins – und sie sind die einzigen konsequenten Schöpfer des seltensten aller literarischen Merkmale: der perfekten Integration von Thema und Handlung, die sie mit überlegener Virtuosität erreichen.

Wenn philosophische Bedeutsamkeit das Kriterium dafür ist, was man ernst nehmen soll, dann sind dies die ernsthaftesten Schriftsteller der Weltliteratur.

Der zweite Rang der Romantiker (die immer noch Schriftsteller mit beachtlichen Verdiensten, aber von geringerem Format sind) deutet die Richtung des Verfalls der Romantik an. Diesen Rang bekleiden Schriftsteller wie Walter Scott und Alexandre Dumas. Das entscheidende Merkmal ihrer Arbeit ist die Betonung auf Handeln ohne geistige Ziele oder bedeutsame moralische Werte. Ihre Geschichten haben gut aufgebaute, phantasievolle, spannende Handlungsstrukturen, aber die Werte, nach denen ihre Figuren streben und die ihre Taten motivieren, sind von primitiver, oberflächlicher, entschieden nicht-metaphysischer Natur: Königstreue, die Rückgewinnung eines Erbes, persönliche Rache usw. Die Konflikte und Handlungsabläufe sind vorwiegend extern. Die Figuren sind zwar Abstraktionen und keine naturalistischen Kopien, aber sie sind Abstraktionen mit lose generalisierten Tugenden oder Lastern, und ihre Charakterisierung ist minimal. Mit der Zeit werden sie zu selbstgemachten Plattitüden wie „ein tapferer Ritter", „eine edle Dame", „ein gemeiner Höfling" usw., sodass sie weder erschaffen noch abgekupfert sind, sondern direkt von der Stange der Standardfiguren kommen. Die Abwesenheit jeder metaphysischen Bedeutung (jenseits der Bestätigung des freien Willens, die in einer Handlungsstruktur implizit ist), wird in der Tatsache offenkundig, dass diese Romane Handlungen, aber kein abstraktes Thema haben, in der der zentrale Konflikt der Geschichte als Thema dient – und zwar meist in Form eines wirklichen oder erfundenen historischen Ereignisses.

Weiter abwärts kann man das Auseinanderfallen der Romantik beobachten: die Widersprüche, die durch eine unterbewusst vertretene Prämisse entstehen. Auf dieser Stufe findet sich eine Klasse von Autoren, deren Grundprämisse in etwa lautet, dass der Mensch freien Willen in Bezug auf das Dasein besitzt, aber nicht in Bezug auf sein Bewusstsein, d.h. in Bezug auf seine physischen Taten, aber nicht in Bezug auf seinen eigenen Charakter. Das entscheidende Merkmal dieser Klasse lautet: Geschichten mit ungewöhnlichen Ereignissen, die durch gewöhnliche Figuren umgesetzt werden. Die Geschichten sind abstrakte Projektionen mit Handlungen, die man „im wahren Leben" nicht findet, aber die Figuren sind banale Menschen. Die Geschichten sind romantisch, die Figuren naturalistisch. Solche Romane haben selten Handlungen (da Wertkonflikte nicht ihr motivierendes Prinzip sind), aber sie haben eine Form, die einer Handlung ähnelt: eine stimmige, phantasievolle, oftmals spannende Geschichte, die von einem zentralen Ziel oder Vorhaben der Figuren zusammengehalten wird.

Die Widersprüche in einer solchen Kombination von Elementen sind offensichtlich; sie führen zu einer totalen Kluft zwischen Taten und Charakterisierung, die Taten bleiben unmotiviert und die Figuren unverständlich. Im Leser erzeugt es das Gefühl: „Solche Leute könnten das nicht tun!"

Mit ihrer Betonung auf rein physischen Taten und ihrer Vernachlässigung der menschlichen Psychologie steht diese Klasse von Romanen an der Grenze zwischen ernster und populärer Literatur. In diese Kategorie gehört kein Romanschriftsteller ersten Ranges; die bekannteren sind Science-Fiction Autoren wie H.G. Wells und Jules Verne. (Gelegentlich versucht ein guter Autor der naturalistischen Schule mit einem unterdrückten romantischen Element einen Roman über ein abstraktes Thema, das einen romantischen Ansatz braucht; das Resultat fällt in diese Kategorie, z.B. Sinclair Lewis' *Bei uns ist das nicht möglich.*) Es ist offensichtlich, warum die Romane dieser Kategorie nicht überzeugen können. Und egal wie geschickt oder spannend ihre Handlung präsentiert wird, werden sie immer unbefriedigend und wenig inspirierend sein.

Auf der anderen Seite der gleichen Dichotomie gibt es Romantiker, deren Grundprämisse in etwa lautet, dass der Mensch Willen *in Bezug auf sein Bewusstsein besitzt, aber nicht auf das Dasein*, d.h. in Bezug auf seinen Charakter und seine Wertewahl, aber nicht in Bezug auf die Möglichkeit, seine Ziele in der physischen Welt auch zu erreichen. Die entscheidenden Merkmale solcher Autoren sind großangelegte Handlungen und ein überwältigendes tragisches Gefühl, das Gefühl eines „böswilligen Universums". Die Hauptvertreter dieser Kategorie waren Dichter, besonders Byron, dessen Name diesem Weltbild seinen Namen gab („byronisch"): Sein Kern ist der Glaube, dass der Mensch ein heroisches Leben führen und für seine Werte kämpfen muss, selbst wenn er von einem böswilligen Schicksal, über das er keine Kontrolle hat, zum Scheitern verurteilt ist.

Heute vertreten die Existentialisten dieses Bild philosophisch, aber ohne das prachtvolle Element, da sie die Romantik mit einer Art von Sub-Naturalismus ersetzt haben.

Philosophisch gesehen ist die Romantik ein Feldzug zur Glorifizierung der menschlichen Existenz; psychologisch gesehen wird er einfach als Wunsch wahrgenommen, das Leben interessant zu machen.

Dieser Wunsch ist der Ursprung und der Motor der romantischen Phantasie. Sein bestes Beispiel in der Populärliteratur ist O. Henry, dessen einzigartiges Merkmal die pyrotechnische Virtuosität einer unerschöpflichen Phantasie ist, die die Ausgelassenheit eines gutmütigen, fast kindlichen Lebensgefühls darstellt. Mehr als jeder andere Schriftsteller repräsentiert O. Henry den Geist der Jugend – genauer gesagt das Hauptelement der Jugend: die Erwartung, etwas wundervoll Unerwartetes hinter jeder Ecke des Lebens zu finden.

Auf dem Gebiet der Belletristik kann man die Tugenden und potentiellen Fehler der Romantik in einer vereinfachten, offensichtlicheren Form sehen.

Belletristik ist Erzählliteratur, die sich nicht mit abstrakten Problemen befasst; sie behandelt Moralprinzipien als das Gegebene und akzeptiert bestimmte generalisierte Ideen und Werte des „gesunden Menschenverstandes" als Grundlage. (Werte des „gesunden Menschenverstandes" und konventionelle Werte sind nicht dasselbe; die ersten können rational begründet werden, die zweiten nicht. Selbst wenn es bei ihnen auch Werte aus der ersten Kategorie geben mag, werden sie nicht durch Vernunft, sondern durch gesellschaftliche Konformität begründet.)

Belletristik stellt oder beantwortet keine abstrakten Fragen; sie nimmt an, dass der Mensch weiß, was er wissen muss, um zu überleben, und zeigt dann seine Abenteuer im Leben (was einer der Gründe für ihre Popularität unter allen Arten von Lesern ist, einschließlich der problembeladenen Intellektuellen.) Das entscheidende Merkmal von Populärliteratur ist die Abwesenheit eines *explizit* ideellen Elements, der Absicht, intellektuelle Informationen (oder Falschinformationen) zu vermitteln.

In die Kategorie der Belletristik gehören größtenteils Detektiv-, Abenteuer-, Science-Fiction- und Westernromane. Die besten Autoren dieser Kategorie stehen nah an der Scott-Dumas-Gruppe: Ihre Betonung liegt auf Taten, aber ihre Helden und Schurken sind abstrakte Projektionen, und die Handlung wird von einer lose generalisierten Einstellung zu moralischen Werten, einem Kampf zwischen Gut und Böse, motiviert. (Zeitgenössische Beispiele für die Besten in dieser Kategorie sind Mickey Spillane, Ian Fleming und Donald Hamilton.)

Wenn wir uns in den Bereich unterhalb der Spitzengruppe der Belletristik vorwagen, steigen wir hinab in ein Niemandsland, wo literarische Prinzipien kaum noch anwendbar sind (besonders wenn wir die Gebiete Film und Fernsehen miteinschließen). Hier werden die entscheidenden Merkmale der Romantik fast ununterscheidbar. Auf dieser Stufe ist Schreiben nicht das Produkt unterbewusster Prämissen: Es ist eher eine Mischung aus willkürlich ausgewählten Elementen als eine Schöpfung aus einem Lebensgefühl heraus.

Ein bestimmtes Merkmal ist auf dieser Stufe typisch: nicht nur die Verwendung von konventionellen, naturalistischen Figuren, die romantische Ereignisse umsetzen, sondern schlimmer: die Verwendung von Figuren, die romantisierte Verkörperungen von konventionellen Werten sind. Solche Verkörperungen repräsentieren Werte *aus der Dose*, leere Stereotypen, die als automatischer Ersatz für Werturteile dienen. Dieser Methode fehlt es am wesentlichen Merkmal der Romantik: der unabhängigen, kreativen Projektion der Werte eines individuellen Autors – und ihr fehlt die berichtende Ehrlichkeit der (besseren) Naturalisten: Sie präsentiert nicht konkrete Menschen „wie sie wirklich sind", sondern Anmaßungen (kollektive Rollenspiele oder einen willkürlichen kollektiven Tagtraum) und dreht uns das als Wirklichkeit an.

Der Großteil der Literatur aus Hochglanzzeitschriften, die vor dem 2. Weltkrieg populär war, gehört in diese Klasse, mit endlosen Variationen über das Aschenputtel-Thema, das Mutter-Thema, das Kostümdrama-Thema oder das Mann-von-nebenan-mit-dem-Herz-aus-Gold-Thema. (z.B. Edna Ferber, Fannie Hurst, Barry Benefield.) Diese Art von Literatur hat keine Handlungen, nur mehr oder weniger zusammenhängende Geschichten und keine erkennbaren Charakterisierungen: Die Figuren sind journalistisch falsch und metaphysisch bedeutungslos. (Es ist eine offene Frage, ob diese Gruppe in die Kategorie Romantik gehört, einfach weil sie weit entfernt von irgendetwas ist, das konkret oder abstrakt in der Wirklichkeit wahrnehmbar ist.)

Soweit es ihre Erzählaspekte anbelangt, sind Filme und Fernsehen aufgrund ihrer Natur ausschließlich für Romantik geeignet (für Abstraktionen, Wesentliches und Drama). Leider kamen beide Medien zu spät: Die große Zeit der Romantik war vorbei, und nur noch die letzten Strahlen ihres Sonnenuntergangs erreichten einige außergewöhnliche Filme. (Fritz Langs *Siegfried* ist einer der besten.) Eine Zeitlang wurde der Film vom Äquivalent der Hochglanz-Romantik dominiert, mit noch weniger Geschmack und Phantasie und einer unvermittelbaren Vulgarität.

Teils in Reaktion gegen diese Erniedrigung von Werten, aber hauptsächlich als Konsequenz der allgemeinen philosophisch-kulturellen Auflösung in unserer Zeit (mit ihrem wertfeindlichen Trend), verschwand die Romantik aus dem Film und schaffte es nie bis ins Fernsehen (außer in Form einiger Detektivserien, die nun auch verschwunden sind). Was bleibt, ist die gelegentliche Erscheinung von feigen Beiträgen, deren Autoren sich durch Komik für ihre romantischen Versuche entschuldigen, oder Promenadenmischungen, deren Autoren durch verschämte, militant gewöhnliche Figuren, die weltbewegende Ereignisse umsetzen und fantastische wissenschaftliche Kunststücke vollführen, darum betteln, man möge sie doch nicht für Vertreter menschlicher Werte (oder Größe) halten. Diese Art von Szenario kann man am besten zusammenfassen durch Dialoge wie: „Tut mir leid, Schätzchen, wir können heute Abend nicht Pizza essen gehen, ich muss zurück ins Labor und das Atom spalten."

Die nächste und letzte Stufe der Auflösung ist der Versuch, Romantik aus romantischen Erzählungen auszulöschen, d.h. sie vom Element der Werte, der Moral und des freien Willens zu befreien. Dies nannte man die „hartgesottene" Schule der Kriminalromane; heute wird sie als „realistisch" beworben. Diese Schule sieht keinen Unterschied zwischen Helden und Schurken (oder Detektiven und Kriminellen, Opfern und Henkern) und präsentiert quasi zwei Gangsterbanden, die entschlossen und (da es keine Motivation gibt) unerklärlich um das gleiche Territorium kämpfen, da keine Seite anders handeln kann.

Dies ist die Sackgasse, in der sich die beiden Straßen von Romantik und Naturalismus treffen, vereinigen und auflösen: deterministisch hilflose, zwanghaft böse Figuren durchlaufen eine Reihe von unerklärlich übertriebenen Ereignissen und fechten zielgerichtete Konflikte ohne Ziel aus.

Danach wird sowohl die „ernste" als auch die populäre Literatur von einem Genre übernommen, das Romantik und Naturalismus vergleichsweise sauber, zivilisiert und unschuldig rational aussehen lässt: der Horrorgeschichte. Der moderne Vorfahr dieses Phänomens ist Edgar Allan Poe; sein Archetyp und reinster ästhetischer Ausdruck sind Boris-Karloff-Filme.

Die Belletristik ist in dieser Hinsicht ehrlicher und präsentiert ihre Schrecken in Form körperlicher Monstrositäten. In „ernster" Literatur werden die Schrecken psychologisch und haben kaum noch Ähnlichkeit mit Menschlichem; dies ist der literarische Kult der Verkommenheit.

Die Horrorgeschichte repräsentiert in beiden Varianten die metaphysische Projektion einer einzigen menschlichen Emotion: blinde, nackte, primitive Angst. Wer in solcher Angst lebt, scheint eine momentane Erleichterung zu empfinden, wenn er das reproduziert, was er fürchtet – wie Wilde ein Gefühl der Überlegenheit empfinden, wenn sie ihre Feinde in Form von Puppen nachbilden. Streng genommen ist dies keine metaphysische, sondern eine rein psychologische Projektion; solche Autoren präsentieren nicht ihr Weltbild; sie schauen nicht auf die Welt; sie sagen, dass sie *fühlen*, das Leben bestehe aus Werwölfen, Draculas und Frankensteins. In ihrer Grundmotivation gehört diese Schule mehr in die Psychopathologie als in die Ästhetik.

Historisch gesehen konnten weder die Romantik noch der Naturalismus den Zusammenbruch der Philosophie überleben. Es gibt individuelle Ausnahmen, aber ich spreche von diesen Schulen als umfassende, aktive, kreative Bewegungen. Da

Kunst der Ausdruck und das Produkt der Philosophie ist, spiegelt sie als erste das Vakuum an der Basis einer Kultur wider und bricht als erste zusammen.

Diese allgemeine Ursache hatte spezielle Konsequenzen für die Romantik, die ihren Niedergang und Zusammenbruch beschleunigten. Es gab auch spezielle Konsequenzen für den Naturalismus, die anders geartet waren, und deren destruktives Potential sich langsamer auswirkte.

Der Erzfeind und Zerstörer der Romantik war die altruistische Moral.

Da das wesentliche Merkmal der Romantik die Darstellung von Werten, besonders von *moralischen* Werten ist, führte der Altruismus von Anfang an einen unlösbaren Konflikt in die romantische Literatur ein. Die altruistische Moral kann nicht praktiziert werden (außer durch Selbstzerstörung) und kann daher nicht überzeugend durch das Leben des Menschen auf der Erde dargestellt oder dramatisiert werden (besonders im Bereich psychologischer Motivation). Wenn Altruismus das Kriterium für Wert und Tugend ist, ist es unmöglich, ein Bild des Menschen „wie er sein könnte und sein sollte" zu erschaffen. Der Hauptfehler, der sich durch die Geschichte der romantischen Literatur zieht, ist das Scheitern, einen überzeugenden Helden, d.h. ein überzeugendes Bild eines tugendhaften Menschen zu schaffen.

An den Figuren von Victor Hugo bewundert man ihre abstrakte Absicht – die Herrlichkeit des Menschenbildes des Autors –, nicht ihre eigentlichen Charakterisierungen. Der größte Romantiker hat nie einen idealen Menschen oder eine positive Hauptfigur erfolgreich dargestellt. Sein ehrgeizigster Versuch, Jean Valjean aus *Die Elenden*, bleibt eine riesige Abstraktion, die trotz vereinzelter tiefer psychologischer Einsichten von Seiten des Autors nie in eine Person integriert wird. Im gleichen Roman gewinnt Marius, der junge Mann, der Hugos autobiographische Projektion sein soll, eine gewisse Statur nur durch das, was der Autor über ihn *sagt*, nicht durch das, was er *zeigt*. Was die Charakterisierung angeht, ist Marius keine Person, sondern die Andeutung einer Person, die in eine Zwangsjacke aus kulturellen Plattitüden gezwängt wurde. Die interessantesten und am besten gezeichneten Figuren in Hugos Romanen sind die Halb-Schurken (durch sein gutmütiges Lebensgefühl konnte er keinen echten Schurken schaffen): Javert in *Die Elenden*, Josiana in *Der lachende Mann* und Claude Frollo in *Der Glöckner von Notre-Dame*.

Dostojewski (dessen Lebensgefühl dem Hugos diametral entgegengesetzt ist) war ein leidenschaftlicher Moralist, dessen blinde Suche nach Werten sich nur in den gnadenlosen Verurteilungen ausdrückte, mit denen er böse Figuren darstellte; niemand hat ihm in der psychologischen Tiefe seiner Darstellungen menschlicher Bösartigkeit das Wasser reichen können. Aber er war absolut unfähig, eine positive oder tugendhafte Figur zu schaffen; solche Versuche waren mehr als unzureichend (z.B. Aljoscha in *Die Brüder Karamazow*). Es ist bedeutsam, dass es nach Dostojewskis Aufzeichnungen zu *Die Dämonen* seine ursprüngliche Absicht war, Stavrogin als idealen Menschen darzustellen – als Verkörperung der russisch-christlich-altruistischen Seele. Im Verlauf der Aufzeichnungen änderte sich diese Absicht allmählich, in logisch unausweichlichen Schritten, die von seiner künstlerischen Integrität diktiert wurden. Am Ende ist Stavrogin eine von Dostojewskis abstoßendsten Figuren.

In Sienkiewiczs *Quo Vadis* ist Petronius, das Symbol der römischen Dekadenz, die bestgezeichnete, bunteste Figur, die den Roman beherrscht, während Vinicius, das Symbol des Aufstiegs des Christentums und Held des Autors, ein Pappkamerad ist.

Dieses Phänomen – der faszinierende Schurke, der dem blutarmen Helden die Geschichte und die Dramatik stiehlt – gibt es überall in der Geschichte der romantischen Literatur, in der ernsten wie in der populären, in der guten wie der schlechten. Es ist, als ob unter der toten Kruste des altruistischen Kodexes, den die Menschheit offiziell vertritt, ein verbotenes, unterirdisches Feuer lodert und ab und zu hervorbricht; das Feuer der Selbstbehauptung, das dem Helden verboten ist, bricht aus der zaghaften Asche des „Schurken“ hervor.

Die höchste Funktion der Romantik – die Darstellung moralischer Werte – ist unter jedem Moralkodex, rational oder nicht, eine extrem schwierige Aufgabe, und nur die allerbesten Romantiker haben es in der Geschichte der Literatur je versucht. Mit der zusätzlichen Bürde eines irrationalen Kodex wie dem Altruismus musste die Mehrheit der Romantiker dieser Aufgabe ausweichen, was zu der Schwäche und Vernachlässigung der Charakterisierung in ihren Werken führte. Zusätzlich führt die Unmöglichkeit, Altruismus auf die Realität, auf das wirkliche Leben anzuwenden, viele Romantiker dazu, dem Problem auszuweichen, indem sie sich in die Geschichte flüchteten, d.h. sie verlagerten ihre Geschichten in eine entfernte Vergangenheit (wie z.B. ins Mittelalter). Daher trennten die Betonung von Taten, die Vernachlässigung der menschlichen Psyche und der Mangel an überzeugender Motivation die Romantik immer mehr von der Wirklichkeit ab, bis die letzten Überbleibsel der Romantik zu einer oberflächlichen, bedeutungslosen und „unernsten" Schule geworden waren, die nichts mehr über das menschliche Dasein zu sagen hatte.

Die Zersetzung des Naturalismus brachte ihn aus anderen Gründen in denselben Zustand.

Obwohl Naturalismus ein Produkt des 19. Jahrhunderts ist, war Shakespeare sein geistiger Vater. Die Prämisse, dass der Mensch keinen freien Willen besitzt, dass sein Schicksal durch einen angeborenen „tragischen Fehler" vorherbestimmt ist, ist in Shakespeares Werk fundamental. Aber sein Ansatz ist, selbst wenn man seine falsche Prämisse zugesteht, nicht journalistisch, sondern metaphysisch. Seine Figuren kommen nicht aus dem „wahren Leben", sie sind keine Kopien von beobachteten Menschen oder vom statistischen Durchschnitt: Sie sind großangelegte Abstraktionen der Charakterzüge, die ein Determinist für angeboren halten würde: Ehrgeiz, Machtgier, Eifersucht, Habgier etc.

Einige berühmte Naturalisten (z.B. Balzac und Tolstoi) haben versucht, Shakespeares abstrakte Stufe beizubehalten, d.h. ihr Bild der menschlichen Natur metaphysisch darzustellen.

Aber die Mehrheit folgte Émile Zola, lehnte Metaphysik und Werte ab und übernahm die Methode des Journalismus: die Aufzeichnung von beobachteten Einzelfällen.

Die Widersprüche im Determinismus waren von Anfang an offensichtlich. Man liest Erzählungen nur mit der impliziten Prämisse des freien Willens, d.h. unter der Prämisse, dass irgendein Element (eine Abstraktion) der Erzählung auf einen selbst anwendbar ist, dass man etwas Wertvolles lernen, entdecken oder überdenken kann und dass diese Erfahrung wichtig ist. Wenn man die deterministische Prämisse vollständig und buchstäblich übernehmen würde – wenn man glauben würde, dass die Figuren einer Erzählung für einen selbst so entfernt und irrelevant wie die unbekannten Bewohner einer anderen Galaxie sind und sie für das eigene Leben keinerlei Bedeutung haben, da weder sie noch der Leser freien Willen haben –, könnte man nicht weiter lesen als bis zum ersten Kapitel.

Und schreiben könnte man auch nicht. Psychologisch gesehen benutzte die gesamte naturalistische Bewegung die Prämisse des freien Willens als unidentifizierten, unterbewussten „gestohlenen Begriff". Die meisten Naturalisten waren Sozialreformer und hielten „die Gesellschaft" für den bestimmenden Faktor des menschlichen Schicksals, vertraten gesellschaftliche Veränderung und behaupteten, dass der Mensch keinen Willen habe, die Gesellschaft aber irgendwie schon. Tolstoi predigte Resignation und passiven Gehorsam gegenüber der Gesellschaft. In *Anna Karenina*, dem bösartigsten Buch der ernsten Literatur, greift er den Wunsch nach Glück an und vertritt dessen Opferung zugunsten von *Konformität.*

Egal wie gegenständlich ihre Theorien sie auch denken ließen, so mussten die Anhänger der naturalistischen Schule ihre Abstraktionskraft trotzdem noch erheblich bemühen: Um „echte" Figuren zu erschaffen, mussten sie jene Eigenschaften auswählen, die sie für wesentlich hielten und sie vom Nicht-Wesentlichen oder Zufälligen unterscheiden. Somit ersetzten sie Werte durch Statistik als Kriterium der Selektivität: Was statistisch überwiegt, ist ihrer Ansicht nach metaphysisch bedeutsam und repräsentativ für die menschliche Natur; was selten und außergewöhnlich ist, ist es nicht. (Siehe Kapitel 7.)

Nach der Ablehnung von Handlung und sogar von Geschichte konzentrierten sich die Naturalisten zuerst auf das Element der Charakterisierung – und psychologischer Scharfblick war der bedeutendste Wert, den die besten unter ihnen anzubieten hatten. Mit der Zunahme der statistischen Methode schrumpfte dieser Wert und verschwand: Charakterisierung wurde durch wahllose Protokollierung ersetzt und unter einer Liste aus Trivialitäten begraben wie z.B. peinlich genaue Inventarlisten über das Wohnzimmer, die Kleidung und die Mahlzeiten einer Figur. Der Naturalismus verlor die beabsichtigte Universalität von Shakespeare oder Tolstoi und schrumpfte von Metaphysik zu Photographie, deren Objektiv sich rasch auf den unmittelbaren Moment verkleinerte, bis die letzten Überbleibsel des Naturalismus zu einer oberflächlichen, sinnlosen „unseriösen" Schule wurden, die über das menschliche Dasein nichts zu sagen hatte.

Aus verschiedenen Gründen überlebte der Naturalismus die Romantik, wenn auch nicht lange. Einer der Hauptgründe ist die Tatsache, dass die Maßstäbe des Naturalismus viel weniger anspruchsvoll sind. Ein drittklassiger Naturalist mag immer noch einige scharfsinnige Beobachtungen anstellen; ein drittklassiger Romantiker hat gar nichts.

Romantik verlangt die Beherrschung des primären Erzählelements: die Kunst des Geschichtenerzählens – für die drei wichtige Eigenschaften erforderlich sind: Einfallsreichtum, Phantasie und ein Gespür für Dramatik. All das (und mehr) fließt in die Konstruktion einer originellen Handlung ein, die das Thema und die Charakterisierung integriert. Der Naturalismus verwirft diese Elemente und verlangt nur Charakterisierung, in einer so konturlosen, so „ungekünstelten" (d.h. ziellosen) Abfolge von Ereignissen (wenn es welche gibt), wie es dem Autor gefällt.

Der Wert eines romantischen Werkes muss von seinem Autor geschaffen werden; er schuldet niemandem Treue (außer dem Menschen), nur der metaphysischen Natur der Realität und seinen eigenen Werten. Der Wert eines naturalistischen Werkes hängt von den spezifischen Figuren, Entscheidungen und Handlungen der Menschen ab, die der Autor erschafft – und er wird beurteilt nach der Genauigkeit, mit der er sie erschaffen hat.

Der Wert einer romantischen Geschichte liegt in dem, was passieren könnte; der Wert einer naturalistischen Geschichte liegt darin, dass sie passiert ist. Wenn das Symbol des Romantikers der mittelalterliche Troubadour ist, der durchs Land zog, um die Menschen mit Visionen des menschlichen Potentials jenseits der trostlosen Grenzen ihrer täglichen Plackerei zu inspirieren, dann ist das Symbol des Naturalisten der Klatsch der Hintertreppe (wie ein zeitgenössischer Naturalist prahlerisch eingestanden hat).

Zu der (vorübergehenden) Dominanz des Naturalismus trug die Tatsache bei, dass Leute, die das Unverdiente wollen, eher von Juwelen angezogen werden als von Mineralien. Das wesentliche Element der Romantik, die Handlung, kann entwendet und durch einen neuen Schliff verschleiert werden, selbst wenn es mit jedem Hieb eines billigen Meißels an Feuer, Strahlkraft und Wert verliert. Die ursprünglichen Handlungen der romantischen Literatur wurden in zahllosen Varianten durch zahllose Imitatoren abgekupfert und verloren mit jeder weiteren Kopie an Farbe und Bedeutung.

Vergleichen Sie z.B. die dramatische Struktur eines ungewöhnlich guten Stücks wie *Die Kameliendame* von Alexandre Dumas mit der endlosen Serie aus Dramen über eine Prostituierte, die zwischen ihrer wahren Liebe und ihrer Vergangenheit gefangen ist, angefangen von Eugene O'Neills *Anna Christie* abwärts (oder genauer gesagt: aufwärts) bis zu den Varianten aus Hollywood. Die ästhetischen Schmarotzer der Romantik halfen dabei, sie zu ruinieren, indem sie ihre Beispiele für Erfindungsreichtum zu abgetragenen Plattitüden verwandelten. Dies schmälert jedoch nicht die Leistung der ursprünglichen Autoren; wenn überhaupt, dann unterstreicht es sie.

Solche Gelegenheiten bietet der Naturalismus den Imitatoren nicht. Das wesentliche Element des Naturalismus – die

Darstellung „des wahren Lebens“ zu einer bestimmten Zeit an einem bestimmten Ort – kann literarisch nicht ausgeliehen werden. Ein Schriftsteller kann die russische Gesellschaft des Jahres 1812 aus Tolstois *Krieg und Frieden* nicht kopieren. Er muss selbst Denken und Arbeit aufwenden, zumindest im Sinne der Anwendung seiner eigenen Beobachtungen zur Darstellung der Leute seiner eigenen Zeit. Daher bietet der Naturalismus anders als die Romantik auf seinen niederen Stufen paradoxerweise eine Chance für minimale Originalität. In dieser Hinsicht ist der Naturalismus für einige Autoren attraktiv, die die Möglichkeit einer bescheidenen literarischen Leistung suchen.

Es gab jedoch viele (weniger offensichtliche) Imitatoren unter den Naturalisten und viele prätentiöse Mittelmäßigkeiten, besonders in Europa (z.B. Romain Rolland, ein romantisierender Naturalist, der intellektuell gesehen zu den Romantikern der Hochglanzmagazine zählt). Aber besonders in Amerika gab es zum Höhepunkt des Naturalismus einige Schriftsteller mit echtem literarischem Talent. Sein bester Repräsentant ist Sinclair Lewis, dessen Romane eine scharfsinnige, kritische, erstklassige Intelligenz bei der Arbeit zeigen. Der beste zeitgenössische Überlebende des Naturalismus ist John O'Hara, der sensible Intelligenz mit einem schönen, disziplinierten Stil kombiniert.

So wie es eine gewisse naiv-unschuldige, optimistische Gutmütigkeit bei den großen Romantikern des 19. Jahrhunderts gab, so gab es sie auch bei den besseren Naturalisten des 20. Jahrhunderts. Erstere orientierten sich am Individuum; Zweitere an der Gesellschaft. Der 1. Weltkrieg markierte das Ende der großen Ära der Romantik und beschleunigte das Verblühen des Individualismus. (Man kann es als tragisches Symbol ansehen, dass Edmond Rostand 1918 durch die Grippeepidemie nach dem Krieg gestorben ist.) Der 2. Weltkrieg markierte das Ende des Naturalismus, enthüllte den Bankrott des Kollektivismus und zerschlug die vagen Hoffnungen und Illusionen eines „wohlwollenden“ Sozialstaats. Diese Kriege demonstrierten existentiell, was ihre literarischen Konsequenzen psychologisch demonstriert hatten: dass der Mensch ohne Philosophie weder leben noch schreiben kann.

Im eklektischen Durcheinander der aktuellen Literatur ist es schwer zu sagen, was schlimmer ist: ein Western, der die Taten eines Viehdiebes durch Verweis auf seinen Ödipuskomplex erklärt, oder eine blutrünstige, zynische, „realistische“ Schilderung diverser Gräuel, die die Botschaft übermittelt, dass Liebe die Lösung für alles ist.

Von den Ausnahmen abgesehen gibt es heute keine Literatur (und keine Kunst) – nicht im Sinne einer umfassenden, lebendigen kulturellen Bewegung. Es gibt nur verblüffte Imitatoren, die nichts zum Imitieren haben, und Scharlatane, die für den Bruchteil einer Sekunde berüchtigt sind – wie immer in Zeiten eines kulturellen Zusammenbruchs.

Einige Überbleibsel der Romantik finden sich noch in den populären Medien, aber in so verstümmelter, entstellter Form, dass sie das Gegenteil des originären Zwecks der Romantik erreichen.

Die beste symbolische Darstellung dieser Überbleibsel gab es vor einigen Jahren in einer Episode der *Twilight Zone* (ob der Autor es beabsichtigte oder nicht). In einer unbestimmten Welt einer anderen Dimension machen sich schemenhafte, weiß gekleidete Herrscherfiguren aus Doktoren und Sozialwissenschaftlern Sorgen um eine junge Frau, die so anders aussieht als alle anderen, dass man sie als Freak, als entstellte Ausgestoßene behandelt, die kein normales Leben führen kann. Sie hat bei ihnen Hilfe gesucht, aber alle plastischen Operationen haben nicht geholfen, und nun wollen die Ärzte ihr eine letzte Chance geben: eine letzte plastische Schönheitsoperation; wenn sie nicht gelingt, wird sie für den Rest ihres Lebens ein Monster bleiben. Erschüttert sprechen die Ärzte darüber, dass das Mädchen wie alle anderen werden muss, dass sie dazu gehören und geliebt werden muss etc. Von ihnen sehen wir niemanden, aber wir hören die angespannten, unheilvollen, seltsam leblosen Stimmen ihrer matten Gestalten während der Operation. Die Operation misslingt. Die Ärzte erklären mitleidig, dass sie einen jungen Mann finden müssen, der so missgestaltet ist wie dieses Mädchen und der sie vielleicht akzeptiert. Dann sehen wir zum ersten Mal das Gesicht des Mädchens: Auf dem Kissen eines Krankenbettes liegt eine strahlende, perfekte Schönheit. Die Kamera schwenkt dann auf die Gesichter der Ärzte: eine Reihe von unaussprechlich entsetzlichen Fratzen ohne menschliches Gesicht, von entstellten, verzerrten Schweinsköpfen, die sich nur durch ihre Schnauzen unterscheiden. Abblende.

Die letzten Überbleibsel der Romantik schleichen entschuldigend an den Rändern unserer Kultur herum und tragen die Masken einer ähnlichen Schönheitsoperation, die teilweise erfolgreich war.

Unter dem Druck der Konformität gegenüber den Schweineschnauzen der Dekadenz flüchten sich die heutigen Romantiker nicht in die Vergangenheit, sondern ins Übernatürliche und geben ausdrücklich die Realität und diese Erde auf. Ihr Verhalten erklärt in etwa: Das Aufregende, das Dramatische und das Außergewöhnliche gibt es nicht; bitte nehmt uns nicht ernst, wir bieten nichts außer einem unheimlichen Tagtraum.

Rod Serling, einer der talentiertesten Fernsehautoren, begann als Naturalist mit der Dramatisierung aktueller kontroverser journalistischer Themen, bezog nie Stellung, vermied Werturteile und schrieb über gewöhnliche Leute, außer dass diese Leute die schönsten, wortgewandtesten romantischen Dialoge führten – einen zielgerichteten, intellektuellen, scharf fokussierten Dialog über Wesentliches, den Menschen im „wahren Leben“ nicht führen, aber führen sollten. Anscheinend von der Notwendigkeit angetrieben, seiner Phantasie und seinem strahlenden Gefühl für Dramatik den vollen Ausdruck zu verleihen, wandte sich Serling der Romantik zu, übertrug seine Geschichten aber in eine andere Dimension, in die *Twilight Zone*.

Ira Levin, der mit einem ausgezeichneten Erstlingswerk angefangen hat (*Der Kuss vor dem Tode*), bringt jetzt *Rosemary's Baby*, welches die physischen Fallen des Mittelalters überspringt, direkt zum Geiste dieser Ära vordringt und (ernsthaft) eine Geschichte über Hexerei in einem modernen Umfeld schildert; und, da die Originalversion der Jungfrauengeburt durch Gott vom heutigen intellektuellen Establishment wahrscheinlich als „spießig" abgetan wird, dreht sich diese Geschichte um die Obszönität einer Jungfrauengeburt durch den Teufel.

Fredric Brown, ein ungewöhnlich geistreicher Autor, hat seinen Einfallsreichtum dazu benutzt, Science-Fiction in Geschichten irdischen oder übernatürlichen Grauens zu verwandeln; er hat mit dem Schreiben aufgehört.

Alfred Hitchcock, der letzte Filmemacher, der es geschafft hat, sich sein Format und seine Fans zu bewahren, kommt mit Romantik nur durch, indem er Bösartigkeit und reines Grauen überbetont.

Auf diese Weise drücken Menschen mit Phantasie nun ihr Bedürfnis nach einem interessanten Leben aus. Die Romantik, die als offener Ungehorsam gegenüber urzeitlichen Bosheiten als ungestümer, leidenschaftlicher Sturm aus rechtschaffener Selbstbehauptung begann, zerrinnt nun zwischen den Fingern von Erben, die ihre Werke und Motive maskieren, indem sie dem Bösen nach dem Mund reden.

Ich will nicht implizieren, dass diese Beschwichtigung das Produkt bewusster Feigheit ist; ich glaube nicht, dass sie das ist – was es noch schlimmer macht.

So sieht der ästhetische Zustand unserer Zeit aus. Aber solange es Menschen gibt, wird es ein Bedürfnis nach Kunst geben, da dieses Bedürfnis metaphysisch im menschlichen Bewusstsein verankert ist – und es wird auch eine Zeit überleben, in der unter dem Regime der amoklaufenden Irrationalität nur verschmutzte Bruchstücke produziert und akzeptiert werden, die dieses Bedürfnis stillen.

Was für ein Individuum gilt, gilt auch für eine Kultur: Katastrophen kann man unterbewusst herstellen, ein Heilmittel nicht. In beiden Fällen braucht man für ein Heilmittel bewusstes Wissen, d.h. eine bewusst verstandene, explizite Philosophie.

Den Zeitpunkt einer philosophischen Renaissance vorherzusagen, ist unmöglich. Man kann nur den Weg definieren, dem man folgen muss, nicht aber seine Länge. Sicher ist jedoch, dass jeder Aspekt der westlichen Kultur als Vorbedingung für seine Wiedergeburt einen neuen Moralkodex braucht – *eine rationale Ethik*. Und vielleicht hat kein Aspekt ihn so dringend nötig wie die Kunst.

Wenn die Vernunft und die Philosophie wiedergeboren sein werden, wird die Literatur der erste Phoenix sein, der aus der Asche steigt. Und dann wird die Romantik, bewaffnet mit einem rationalen Wertekanon, sich ihres eigenen Wesens bewusst und mit Selbstvertrauen in die Wichtigkeit ihrer Mission, endlich erwachsen sein.

(Mai-Juli 1969)

7. Das ästhetische Vakuum unserer Zeit

Vor dem 19. Jahrhundert wurde der Mensch in der Literatur als hilfloses Wesen dargestellt, dessen Leben und Tun von Kräften jenseits seiner Kontrolle bestimmt wurden: entweder vom Schicksal und den Göttern (wie in den griechischen Tragödien) oder durch eine angeborene Schwäche, einen „tragischen Fehler" wie in den Stücken Shakespeares. Schriftsteller hielten den Menschen für metaphysisch ohnmächtig; ihre Grundannahme war *Determinismus*. Nach dieser Annahme konnte man nicht darstellen, was passieren *könnte*; man konnte nur aufzeichnen, was passiert *war* – und Chroniken waren die geeignete literarische Form für solche Aufzeichnungen.

Der Mensch als Wesen mit freiem Willen erschien in der Literatur erst im 19. Jahrhundert. Der Roman war seine geeignete literarische Form – und die Romantik war die große neue Bewegung in der Kunst. Die Romantik sah den Menschen als Wesen, das in der Lage ist, seine Werte auszuwählen, seine Ziele zu erreichen und sein Dasein zu kontrollieren. Die romantischen Schriftsteller zeichneten nicht Ereignisse auf, die passiert *waren*, sondern jene, die passieren *sollten*; sie zeichneten nicht die Entscheidungen auf, die Menschen getroffen *hatten*, sondern die, die sie treffen *sollten*.

Mit dem Wiederaufstieg des Mystizismus und des Kollektivismus in der zweiten Hälfte des 19. Jahrhunderts verschwanden der romantische Roman und die romantische Bewegung langsam aus der kulturellen Szene.

In der Kunst war der neue Feind des Menschen der Naturalismus. Er lehnte das Konzept des freien Willens ab und sah den Menschen wieder als hilflose Kreatur an, die von Kräften jenseits ihrer Kontrolle bestimmt wurde; aber nun wurde sein Schicksal von der *Gesellschaft* bestimmt. Die Naturalisten proklamierten, dass Werte keine Macht und keinen Platz hätten, weder im menschlichen Leben noch in der Literatur, dass man

Menschen darstellen müsse „wie sie wirklich sind", d.h. dass man aufzeichnen müsse, was man um sich herum sieht, dass man keinerlei Werturteile aussprechen oder Abstraktionen darstellen dürfe, sondern sich mit einer genauen Kopie von Einzeldingen zufriedengeben müsse.

Das war die Rückkehr zum literarischen Prinzip der Chronik – aber da ein Roman eine *erfundene* Chronik sein musste, stand der Romancier vor dem Problem, was er als Auswahlmaßstab nehmen sollte. Wenn Werte unmöglich sind, woher soll man dann wissen, was man aufzeichnen soll, was man für wichtig oder bedeutsam halten soll? Der Naturalismus löste dieses Problem, indem er Statistiken als Wertmaßstab nahm. Was typisch für eine große Anzahl von Menschen in irgendeiner geographischen Region oder Zeit war, hielt man für metaphysisch bedeutsam und aufzeichnenswert. Was selten, ungewöhnlich oder außergewöhnlich war, hielt man für unwichtig und *unwirklich.*

So wie die neuen Schulen der Philosophie sich zunehmend der Negation der Philosophie widmeten, so verschrieb sich der Naturalismus der Negation der Kunst. Statt ein metaphysisches Welt- und Menschenbild darzustellen, stellten die Naturalisten ein journalistisches dar. Auf die Frage: „Was ist der Mensch?" antworteten sie: „Das sind Kramladenbesitzer in Südfrankreich im Jahre 1887" oder: „So sehen Slumbewohner in New York im Jahre 1921 aus" oder: „So sehen die Leute von nebenan aus."

Kunst – die Integration der Metaphysik, die Konkretisierung der umfassendsten Abstraktionen – schrumpfte auf die Stufe eines tapsigen, kurzsichtigen Tölpels, der noch nie aus dem Viertel, in dem er wohnt, herausgekommen ist oder noch nie über den unmittelbaren Moment hinausgesehen hat.

Es dauerte nicht lange, bis die philosophischen Wurzeln des Naturalismus an die Oberfläche kamen. Zuerst erklärten sie, dass der außergewöhnliche Mensch unwirklich sei, da ihr Maßstab nicht *objektiv*, sondern *kollektiv* war, und präsentierten nur Menschen, die für eine bestimmte Gruppe typisch waren. Dann, als sie sahen, dass es mehr Elend als Wohlstand auf Erden gab, begannen sie, Wohlstand für unwirklich zu halten und nur Elend,

Armut, die Slums und die unteren Klassen darzustellen. Dann, als sie sahen, dass es mehr Mittelmäßigkeit als Größe gab, begannen sie damit, Größe für unwirklich zu halten und nur das Mittelmäßige, den Durchschnitt, das Gemeine und Gewöhnliche darzustellen. Da sie mehr Scheitern als Erfolg sahen, hielten sie Erfolg für unwirklich und stellten nur Scheitern, Frustration und Niederlagen dar. Da sie mehr Leid als Glück sahen, hielten sie Glück für unwirklich und stellten nur Leid dar. Da sie mehr Hässlichkeit als Schönheit sahen, hielten sie Schönheit für unwirklich und stellten nur Hässlichkeit dar. Da sie mehr Laster als Tugenden sahen, hielten sie Tugenden für unwirklich und stellten nur Laster, Verbrechen, Verkommenheit, Perversionen und Verdorbenheit dar.

Sehen Sie sich nun die moderne Literatur an.

Den Menschen – seine Natur, das metaphysisch Bedeutsame, Wichtige, Wesentliche im Menschen – repräsentieren nun Trinker, Drogenabhängige, Perverse, Triebtäter und Psychotiker. Die Themen der modernen Literatur drehen sich um: die hoffnungslose Liebe einer Frau mit Bart zu einem mongoloiden Holzkopf in einer Freakshow – die Probleme eines Ehepaares, dessen Kind mit sechs Fingern an der linken Hand geboren wurde – die Tragödie eines netten jungen Mannes, der ohne Grund Leute im Stadtpark umbringt.

All das wird uns immer noch präsentiert unter der naturalistischen Überschrift „Das wahre Leben", aber die alten Parolen sind nun abgetragen. Die offensichtliche Frage, auf die die Erben des statistischen Naturalismus keine Antwort haben, lautet: Wenn Helden und Genies für die Menschheit nicht repräsentativ sind, weil sie numerisch selten sind, warum sind dann Freaks und Monster repräsentativ? Warum sind die Probleme einer bärtigen Frau universell bedeutsamer als die eines Genies? Warum lohnt es sich, die Seele eines Mörders zu studieren, nicht aber die eines Helden?

Die Antwort liegt in der grundlegenden metaphysischen Prämisse des Naturalismus, ob seine Praktiker sie nun bewusst vertreten oder nicht: Als Auswuchs der modernen Philosophie ist diese Grundprämisse menschenfeindlich, verstandesfeindlich und lebensfeindlich; und als Auswuchs der altruistischen Moral ist der Naturalismus eine panische Flucht vor Moralurteilen – ein langes, jammerndes Flehen um Gnade, um Toleranz und universelle Vergebung.

Der literarische Kreis hat sich geschlossen. Was man heute liest, ist nicht länger Naturalismus, sondern Symbolismus; es wird kein journalistisches oder statistisches Menschenbild vermittelt, sondern ein *metaphysisches*. Aber es ist der Symbolismus primitiver Todesangst. Diesem modernen Bild zufolge ist *Verkommenheit* die wahre, wesentliche und metaphysische Natur des Menschen, nicht Tugend; Tugend sei nur ein Unfall, eine Ausnahme oder eine Illusion; daher sei ein Monster eine angemessene Darstellung des menschlichen Wesens, ein Held nicht.

Die Romantiker stellten Helden nicht als statistischen Durchschnitt, sondern als Abstraktion des besten und höchsten Potentials dar, die auf alle Menschen anwendbar und für alle erreichbar ist, je nach ihren individuellen Entscheidungen. Aus denselben Gründen, in derselben Weise, aber unter einer entgegengesetzten metaphysischen Prämisse, stellen die heutigen Schriftsteller ein Monster nicht als statistischen Durchschnitt dar, sondern als Abstraktion des schlimmsten und niedersten Potentials, das sie auf alle Menschen für anwendbar halten – jedoch nicht als Potential, sondern als versteckte Tatsächlichkeit. Die Romantiker stellten Helden „überlebensgroß“ dar; heute werden Monster als „überlebensgroß“ dargestellt – oder besser gesagt wird der Mensch als „unterlebensklein“ dargestellt.

Wenn man eine rationale Philosophie vertritt, einschließlich der Überzeugung, dass der Mensch freien Willen hat, so leitet und inspiriert einen das Bild eines Helden. Wenn man eine irrationale Philosophie vertritt, einschließlich der Überzeugung, dass der Mensch ein hilfloser Roboter ist, so dient das Bild des Monsters als Rückversicherung; man fühlt in etwa: „*So* schlecht bin ich nun auch wieder nicht.“

Die philosophische Bedeutung oder das Interesse daran, den Menschen als verabscheuungswürdige Monstrosität darzustellen, ist die Hoffnung auf und die Forderung nach einem moralischen Blankoscheck.

Sehen Sie sich nun ein seltsames Paradoxon an: Dieselben Ästhetiker und Intellektuellen, die Kollektivismus mit derselben Unterordnung aller Werte und jedermanns Leben unter die Herrschaft „der Massen“ vertreten, mit der Kunst als Stimme „des Volkes“, verachten alle populären Werte in der Kunst. Sie greifen die Massenmedien, die sogenannten „kommerziellen“ Produzenten oder Verlage, die ein großes Publikum haben und der Öffentlichkeit gefallen, aufs Heftigste an. Sie verlangen Subventionen für die künstlerischen Projekte, die „das Volk“ nicht sehen und nicht freiwillig unterstützen will. Sie haben das Gefühl, dass jedes finanziell erfolgreiche, d.h. populäre Kunstwerk automatisch wertlos ist, während jeder unpopuläre Fehlschlag automatisch wertvoll ist – vorausgesetzt, er ist unverständlich. Alles, was verständlich ist, ist ihrer Meinung nach vulgär und primitiv; nur unartikulierte Sprache, Farbkleckse und Lärm aus Frequenzrauschen sind zivilisiert, gebildet und tiefsinnig.

Die Beliebtheit oder Unbeliebtheit eines Kunstwerkes ist natürlich kein Kriterium für ästhetischen Wert. Kein ästhetischer, philosophischer oder moralischer Wert kann durch Abstimmung festgestellt werden; 50 Millionen Franzosen können genauso im Unrecht sein wie einer. Aber während man einen ungehobelten Banausen, der finanziellen *Erfolg* für künstlerischen Wert hält, bloß als hirnlosen Schmarotzer an der Kunst betrachten kann – was soll man dann von den Maßstäben, Motiven und Absichten jener halten, die den finanziellen *Misserfolg* als Beweis für künstlerischen Wert halten?

Wenn der Snobismus des reinen finanziellen Erfolges verachtenswert ist, was bedeutet dann der Snobismus des Misserfolgs? Ziehen Sie Ihre eigenen Schlüsse.

Wenn Sie sich fragen, was das letztendliche Ziel ist, zu dem die moderne Philosophie und die moderne Kunst Sie führen, dann können Sie die ersten Symptome überall um sich herum wahrnehmen. Sehen Sie sich an, dass die Literatur zur Kunstform der vorindustriellen Zeiten, zur *Chronik*, zurückkehrt –

dass fiktionalisierte Biographien von „echten“ Menschen, von Politikern, von Baseballspielern oder Gangstern, im Theater, im Film und im Fernsehen Vorrang vor Erzählwerken haben – und dass die bevorzugte literarische Form die *Dokumentation* ist. Sehen Sie sich an, dass die aktuelle Mode in der Malerei, der Bildhauerei und der Musik die primitive Kunst des Dschungels ist.

Wenn Sie gegen die Vernunft rebellieren, wenn Sie den alten Plattitüden der Geisterbeschwörer wie „Vernunft ist der Feind des Künstlers“ oder „Die kalte Hand der Vernunft seziert und zerstört die freudige Spontaneität der kreativen Phantasie“ erliegen, dann schlage ich vor, dass Sie die folgende Tatsache beachten: Durch die Ablehnung der Vernunft und die Kapitulation vor der ungehinderten Macht ihrer entfesselten Emotionen (und Launen) haben die Apostel der Irrationalität, die Existentialisten, die Zen-Buddhisten und nicht-gegenständlichen Künstler kein freies, freudiges, triumphales Lebensgefühl geschaffen, sondern ein Gefühl aus Untergang, Ekel und brüllender, kosmischer Angst. Dann lesen Sie die Geschichten von O. Henry oder hören Sie sich die Musik der Wiener Operetten an und denken Sie daran, dass dies die Produkte des Geistes des 19. Jahrhunderts sind – des Jahrhunderts, das von der „kalten Sezierhand“ der Vernunft beherrscht wurde. Und dann fragen Sie sich: Welche Psycho-Epistemologie ist für den Menschen geeignet, welche stimmt mit den Tatsachen der Realität und der menschlichen Natur überein?

So wie die ästhetischen Vorlieben eines Menschen die Summe seiner metaphysischen Werte und das Barometer seiner Seele sind, so ist Kunst die Summe und das Barometer einer Kultur. Die moderne Kunst ist die beste Demonstration für den kulturellen Bankrott unserer Zeit.

(November 1962)

8. Die Falschmünzer der Romantik

Die Kunst (einschließlich der Literatur) ist das Barometer einer Kultur. Sie reflektiert die Summe der tiefsten philosophischen Werte einer Gesellschaft: nicht ihre vorgeblichen Ideen und Parolen, sondern ihr tatsächliches Menschen- und Weltbild. Die Vorstellung, dass eine gesamte Gesellschaft auf der Couch eines Psychologen liegt und ihr nacktes Unterbewusstsein enthüllt, ist eine unmögliche Auffassung; und doch schafft die Kunst *genau das*: Sie stellt das Äquivalent einer solchen Sitzung dar, eine Abschrift, die vielsagender und leichter zu diagnostizieren ist als jede andere Reihe von Symptomen.

Dies soll nicht heißen, dass eine gesamte Gesellschaft von jenen Mittelmäßigkeiten gefesselt ist, die zu einer bestimmten Zeit im Feld der Kunst posieren; aber es bedeutet, dass wenn nicht bessere Menschen dieses Feld betreten, uns dies etwas über den Zustand dieser Gesellschaft sagt. Es gibt immer Ausnahmen, die gegen den herrschenden Trend in der Kunst ihrer Zeit aufbegehren; aber die Tatsache, dass sie Ausnahmen sind, sagt uns etwas über den Zustand dieser Zeit. Der herrschende Trend mag vielleicht tatsächlich die Seele eines gesamten Volkes ausdrücken; er kann von der überwältigenden Mehrheit abgelehnt, verachtet oder ignoriert werden; aber wenn er die vorherrschende Stimme dieser Periode ist, sagt uns dies etwas über den Seelenzustand dieses Volkes.

In der Politik klammern sich die vor Panik blinden Vertreter des Status Quo inmitten einer Flut des Dirigismus an das Durcheinander ihrer Mischökonomie und erzählen uns, dass wir keine Probleme hätten, dass wir in einem Jahrhundert des Fortschritts lebten, dass wir moralisch und mental gesund seien und dass wir es noch nie so gut hatten. Wenn Sie meinen, dass politische Fragen zu komplex sind, um sie zu analysieren, sehen Sie sich die heutige Kunst an: Sie werden dann keine Fragen mehr haben, ob unsere Kultur gesund oder krank ist.

Das Gesamtbild des Menschen, das aus der Kunst unserer Zeit entsteht, sieht so aus: Die riesige Gestalt eines abgetriebenen Embryos mit anthropoider Form, der hektisch nach einem Licht sucht, das seine leeren Augenhöhlen nicht durchdringen kann, der unartikuliertes Knurren und Stöhnen von sich gibt und durch eine blutige Soße kriecht. Dabei tropft ihm roter Schaum von den Lefzen und er versucht, sich diesen Schaum ins eigene nichtexistente Gesicht zu spucken, hält dabei gelegentlich inne, stützt sich auf seine Armstümpfe und schreit seine abgrundtiefe Angst vor dem Universum heraus.

Drei von Generationen anti-rationaler Philosophie hervorgebrachte Emotionen beherrschen das Lebensgefühl des modernen Menschen: Angst, Schuld und Mitleid (genauer gesagt Selbstmitleid). Angst als angemessene Emotion einer Kreatur, die ihrer Überlebensgrundlage, ihres Verstandes, beraubt ist; Schuld als angemessene Emotion einer Kreatur ohne moralische Werte; Mitleid als Flucht vor diesen beiden, als einzige Reaktion, die eine solche Kreatur aufbieten kann. Ein sensibler, urteilsfähiger Mensch, der dieses Lebensgefühl absorbiert hat, sich aber einige Reste an Selbstachtung bewahrt hat, wird einen so entlarvenden Beruf wie Künstler vermeiden. Aber die anderen lassen sich davon nicht aufhalten.

Angst, Schuld und die Suche nach Mitleid machen bei der Richtungsbestimmung der Kunst gemeinsame Sache, um die Gefühle des Künstlers auszudrücken, zu rechtfertigen und zu rationalisieren. Um eine ständige Angst zu rechtfertigen, muss man das Dasein als böse darstellen; um vor Schuld zu entkommen und Mitleid hervorzurufen, muss man den Menschen als ohnmächtig und verabscheuungswürdig darstellen. Daraus erklärt sich der Wettbewerb unter den modernen Künstlern nach immer tieferen Stufen der Verkommenheit und immer höheren Stufen des Kitsches – ein Wettbewerb, das Publikum bis ins Mark zu schockieren und es zum Heulen zu bringen. Daraus erklärt sich die hektische Suche nach Elend, der Abstieg von mitleidigen Studien über Alkoholismus und sexueller Perversion zu Drogen, Inzest, Psychosen, Mord und Kannibalismus.

Als Illustration der moralischen Implikationen dieses Trends – der Tatsache, dass Mitleid für die Schuldigen Verrat an den Unschuldigen ist – reiche ich hier eine enthusiastische Kritik ein, die einen aktuellen Film bespricht, der Mitleid für Kidnapper hervorrufen soll. „Die Aufmerksamkeit und sogar die Besorgnis richtet sich mehr auf sie als auf den gekidnappten Jungen“, schreibt der Kritiker. Und: „Genau genommen ist die Motivation nicht so klar definiert, dass man sie aus psychologischen Gründen analysieren oder kritisieren könnte. Aber sie ist ausreichend vorhanden, um unsere Sympathie für diese beiden unglaublichen Kidnapper zu erzwingen.“ (*New York Times*, 6. November 1964)

Die Gosse ist weder besonders reichhaltig noch besonders tief, und die heutigen Dramatiker scheinen jetzt ganz unten angekommen zu sein. Was Literatur angeht, so ist sie erledigt. Man kann nicht mehr tiefer sinken als im folgenden Auszug aus dem *Time Magazine* vom 30.8.1963. Die Überschrift lautet „Beste Bücher“, und dann „‘*Katz und Maus*‘ von Günter Grass. Bestseller-Autor Günter Grass (*Die Blechtrommel*) erzählt uns von den Qualen eines jungen Mannes, dessen hervorstehender Adamsapfel ihn zu einem Ausgestoßenen macht. Er sucht den Erfolg und bekommt ihn, aber für die ‚Katze‘ – die menschliche Konformität – ist er immer noch ein Kuriosum.“

Nein, das ist nicht ironisch gemeint. Es gibt im französischen Theater eine Richtung, die so ein Zeug ironisch behandelt, man nennt es „Grand Guignol“, eine Art von Kasperletheater. Aber heute ist der Geist des Grand Guignol zu einem metaphysischen System erhoben worden und will ernst genommen werden. Was soll man dann *nicht* ernst nehmen? Jede Darstellung menschlicher Tugenden.

Man würde meinen, dass diese rührselige Beschäftigung mit Gruselkabinetten, dieses Lebensgefühl aus dem Wachsfigurenkabinett, schon schlimm genug ist. Aber es gibt noch etwas Schlimmeres und moralisch Verkommeneres: die neuesten Versuche, sogenannte „ironische“ Thriller auszuhecken.

Das Problem mit der Kunst aus der Gosse ist, dass Angst, Schuld und Mitleid Sackgassen sind: Nach den ersten „schockierenden Darstellungen menschlicher Verkommenheit“ ist man von nichts mehr schockiert; nachdem man für ein paar Dutzend Verkommene, Verunstaltete und Verrückte Mitleid hatte, fühlt man nichts weiter. Und genau wie die „nichtkommerzielle“ Wirtschaftslehre der modernen „Idealisten“ sie ermuntert, kommerzielle Firmen zu übernehmen, so ermuntert die „nichtkommerzielle“ Ästhetik der modernen „Künstler“ sie, die kommerziellen (d.h. beliebten) Kunstformen zu übernehmen.

„Thriller“ sind Detektiv-, Spionage- oder Abenteuergeschichten. Ihr wichtigstes Merkmal ist *Konflikt*, d.h. ein Konflikt um Ziele, d.h. zielgerichtete Handlungen im Streben nach Werten. Thriller sind das Produkt, der populäre Spross der *romantischen* Kunst, das den Menschen nicht als hilflose Schachfigur des Schicksals ansieht, sondern als Wesen mit freiem Willen, dessen Leben von den eigenen Wertentscheidungen geleitet wird. Romantik ist eine wertorientierte, moralzentrierte Bewegung: Ihr Material besteht nicht aus journalistischen Details, sondern aus den abstrakten, wesentlichen, universellen Prinzipien der menschlichen Natur – und ihr grundlegendes literarisches Gebot lautet, den Menschen darzustellen „wie er sein könnte und sein sollte“.

Thriller sind eine vereinfachte Grundversion der romantischen Literatur. Sie befassen sich nicht mit einer Schilderung von Werten, sondern nehmen bestimmte fundamentale Werte als gegeben hin und befassen sich mit nur einem Aspekt des moralischen Daseins: dem Kampf des Guten gegen das Böse als zielgerichtete Handlung – eine dramatisierte Abstraktion mit einem grundlegenden Muster: Entscheidung, Ziel, Konflikt, Gefahr, Kampf, Sieg.

Thriller sind die Kindergartenarithmetik dessen, was die höhere Mathematik der größten Romane der Weltliteratur ist. Thriller befassen sich nur mit dem Skelett – der Handlungsstruktur – dessen, zu dem die ernste romantische Literatur das Fleisch, das Blut und den Kopf beisteuern. Die Handlung in den

Romanen von Victor Hugo oder Dostojewski sind reine Thriller-Handlungen, die von Thriller-Autoren nie erreicht und übertroffen wurden.

In der heutigen Kultur gibt es buchstäblich keinerlei romantische Kunst (von einigen sehr seltenen Ausnahmen abgesehen): Dafür braucht man ein Menschenbild, das mit der modernen Philosophie inkompatibel ist. Die letzten Überbleibsel der Romantik flackern nur auf dem Gebiet der populären Kunst auf, wie helle Funken in dichtem grauen Nebel. Thriller sind die letzte Zuflucht der Eigenschaften, die aus der modernen Literatur verschwunden sind: Leben, Farbe, Phantasie; sie sind wie ein Spiegel, der noch ein fernes Abbild des Menschen festhält.

Merken Sie sich all das, wenn Sie bedenken, was es bedeutet, Thriller „ironisch" darzustellen.

Humor ist keine bedingungslose Tugend; sein moralischer Charakter hängt davon ab, worauf er abzielt. Über das Verachtenswerte zu lachen, ist eine Tugend; über das Gute zu lachen, ist ein abscheuliches Laster. Zu oft wird Humor als Verkleidung moralischer Feigheit verwendet.

Es gibt in diesem Zusammenhang zwei Arten von Feiglingen. Der eine ist jemand, der nicht wagt, seinen tiefen Hass auf das Leben zu offenbaren und alle Werte unter dem Deckmäntelchen eines Kicherns untergraben will, der mit beleidigenden, bösartigen Äußerungen durchkommt und, wenn er erwischt wird, erklärt: „Ich hab‘ doch nur Spaß gemacht."

Der andere ist jemand, der nicht wagt, seine Werte offenzulegen oder zu verteidigen und sie unter dem Deckmäntelchen eines Kicherns einschmuggelt; der mit Tugenden oder Schönheit durchkommen will und beim ersten Anzeichen von Gegnerschaft den Schwanz einzieht und erklärt: „Ich hab‘ doch nur Spaß gemacht."

Im ersten Fall dient Humor als Entschuldigung für das Böse; im zweiten als Entschuldigung für das Gute. Was ist moralisch gesehen die verachtenswertere Einstellung?

Beide Motive kann man in einem Phänomen wie „ironischen" Thrillern zusammenfassen.

Worüber lachen solche Thriller? Über Werte, über den Kampf um Werte, über die Fähigkeit, Werte zu erlangen, über den Menschen, über den Menschen als Held.

Ungeachtet der bewussten oder unterbewussten Motive ihrer Schöpfer übermitteln solche Thriller tatsächlich eine eigene, ihrer Natur innewohnende Botschaft oder Absicht: Interesse an einem wagemutigen Unternehmen zu wecken, durch die Komplexität eines Kampfes um hohe Einsätze Spannung zu erzeugen, durch das Bild menschlicher Wirksamkeit zu inspirieren, durch Heldenmut, Einfallsreichtum, Ausdauer und unnachgiebige Integrität Bewunderung zu erzeugen und angesichts des Triumphes zu jubeln – und dir dann ins Gesicht zu spucken durch die Aussage: „War nur Spaß. Wer sind wir denn schon, du und ich? Wir sind alle nur Schweine."

Bei wem entschuldigen sich solche Thriller? Bei der Kunst aus der Gosse. In der heutigen Kultur entschuldigen sich diese Künstler für nichts und bei niemandem. Aber der Heldenverehrer kriecht auf dem Bauch und schreit: „War nicht so gemeint, Jungs! Alles nur Spaß! Ich bin nicht so verkommen, dass ich an Tugend glaube. Ich bin nicht so feige, dass ich um Werte kämpfe. Ich bin nicht so böse, dass ich mich nach einem Ideal sehne – ich gehöre zu Euch!"

Der gesellschaftliche Status von Thrillern offenbart die tiefe Kluft, die sich durch die heutige Kultur zieht: die Kluft zwischen dem Volk und seinen angeblichen intellektuellen Anführern. Die Sehnsucht des Volkes nach einem Strahl aus romantischem Licht ist enorm und tragisch. Sehen Sie sich die außergewöhnliche Beliebtheit von Mickey Spillane und Ian Fleming an. Es gibt hunderte von Thriller-Autoren, die das moderne Lebensgefühl teilen und dreckige Machwerke schreiben, die auf einen Kampf von Böse gegen Böse, oder bestenfalls von Schwarz gegen Grau hinauslaufen. Keiner von ihnen hat die inbrünstigen, anhänglichen, fast abhängigen Fans wie Spillane oder Fleming. Das soll nicht heißen, dass die Romane von Spillane und Fleming ein fehlerlos rationales Lebensgefühl darstellen; beide sind beeinflusst vom Zynismus und der Verzweiflung des modernen „böswilligen Universums“. Aber auf augenfällig verschiedene Weise bieten beide das Hauptelement romantischer Erzählungen: Mike Hammer und James Bond sind *Helden.*

Genau dieses universelle Bedürfnis können die heutigen Intellektuellen weder begreifen noch erfüllen. Eine verwahrloste, kastrierte, muffige „Elite“ – eine Kellerelite, die durch Unterlassung in leeren Salons sitzt und sich hinter staubigen Vorhängen gegen Licht, Luft, Grammatik und die Wirklichkeit verschanzt – klammert sich noch an die abgestandene Illusion ihrer altruistisch-kollektivistischen Erziehung: die Vision eines ungehobelten, demütigen, sprachlosen Volkes, dessen Stimme (und Meister) sie hätten sein sollen.

Sehen Sie sich ihre verunsicherte, teils bevormundende, teils unterwürfige Betätigung mit „Volkskunst“ an, mit dem Primitiven, dem Anonymen, dem Unentwickelten, dem Unintellektuellen – oder ihre „lüsternen“, „derben“ Filme, die den Menschen als obszönes Tier darstellen. Politisch würde die Realität eines gesitteten Volkes sie zerstören: Das kollektivistische Spiel wäre aus. Moralisch gesehen ist die Existenz, die Möglichkeit oder das Bild eines Helden für ihr überwältigendes Schuldgefühl nicht hinnehmbar; es würde ihnen die Parole nehmen, die ihnen gestattet, sich in der Gosse zu suhlen und zu rufen: „Ich konnte nichts dafür!“ Ein Volk, das Helden will, können sie nicht in ihr Weltbild lassen.

Eine Probe dieser Kluft – eine kleine Probe einer riesigen modernen Tragödie – findet sich in einem interessanten kleinen Artikel in *TV Guide* vom 9. Mai 1964 unter dem Titel: „Gewalt kann Spaß machen“ mit der Unterzeile: „Ganz England lacht über ‚The Avengers’ – außer die Zuschauer.“

The Avengers ist eine sensationell erfolgreiche britische Fernsehserie über die Abenteuer des Geheimagenten John Steed und seiner attraktiven Gehilfin Catherine Gale „mit entzückend einfallsreichen Geschichten …“ sagt der Artikel. „*The Avengers* hat für viele Zuschauer ein großes Suchtpotential. Jeder kennt Steed und Mrs. Gale.“

Aber vor kurzem „kam die geheime Angst des Produzenten John Bryce ans Tageslicht: *The Avengers* war als Satire auf Spionagethriller gedacht, aber die britische Öffentlichkeit besteht darauf, sie ernst zu nehmen."

Die Art und Weise, in der diese „Angst" ans Tageslicht kam, ist interessant. „Die Tatsache, dass *The Avengers* eine Satire ist, war seit einem Jahr das vielleicht bestgehütete Geheimnis im britischen Fernsehen. Es hätte so bleiben können, aber die Serie wurde in einer anderen Sendung namens *The Critics* diskutiert …" Einer dieser Kritiker erklärte zum Erstaunen der anderen, dass „sicherlich jeder sieht, dass sie komisch gemeint sind." Das war offensichtlich nicht der Fall, aber der Produzent von *The Avengers* bestätigte es und gab der Öffentlichkeit „übellaunig" die Schuld dafür, seine Absichten nicht verstanden zu haben: Sie wollte über sein Produkt nicht lachen.

Denken Sie daran, dass romantische Thriller eine äußerst schwierige Aufgabe darstellen: Sie erfordern ein solches Ausmaß an Geschicklichkeit, Einfallsreichtum, Erfindungsgeist, Phantasie und Logik, eine so große Menge an Talent von Seiten des Produzenten, des Regisseurs, des Autors und der Schauspieler, dass es buchstäblich unmöglich ist, eine gesamte Nation ein Jahr lang zum Narren zu halten. Hier wurden jemandes Werte schamlos ausgebeutet und verraten – nicht nur die des Publikums.

Es ist offensichtlich, dass die Eile, mit der die modernen Intellektuellen auf den Zug der Thriller aufspringen wollten, durch die spektakuläre Figur und den Erfolg von James Bond herbeigeführt wurde. Aber ganz im Stile der modernen Philosophie wollten sie den Zug fahren und ihn auch anspucken.

Wenn Sie denken, dass die Produzenten der Massenmedienunterhaltung primär von kommerzieller Habgier motiviert werden, überprüfen Sie Ihre Prämissen und sehen Sie sich an, dass die Produzenten der James-Bond-Filme es anscheinend darauf abgesehen haben, ihren eigenen Erfolg zu untergraben.

Im Gegensatz zu den emsig verbreiteten Behauptungen war nichts „ironisches" am ersten Bond-Film *Dr. No.* Er war ein leuchtendes Beispiel für romantische Filmkunst – in Produktion, Regiearbeit, Drehbuch, Aufnahmetechnik und besonders in der Darstellung durch Sean Connery. Seine erste Vorstellung auf der Leinwand war ein Juwel an dramatischer Technik, Eleganz, Witz und Understatement: Als er nach seinem Namen gefragt wurde, sahen wir seine erste Großaufnahme und er sagte ruhig: „Bond. James Bond" – und das Publikum brach an dem Abend, als ich den Film sah, in Applaus aus.

Als ich den zweiten Film sah, *Liebesgrüße aus Moskau*, gab es nicht viel Applaus. Bond wurde vorgestellt während er Küsschen an ein dümmlich aussehendes Mädchen im Badeanzug verteilte. Die Handlung war konfus und teilweise unverständlich. Die geschickt konstruierte, dramatische Spannung von Flemings Buch wurde ersetzt durch Konventionelles wie altmodische Verfolgungsjagden, in denen es um nichts als um rein körperliche Gefahr ging.

Den dritten Film *Goldfinger* muss ich erst noch sehen, habe aber bereits böse Vorahnungen. Diese Vorahnungen gründen sich auf einen Artikel aus der *New York Times* vom 13.12.1964 von Richard Maibaum, der das Drehbuch für alle drei Romane verfasst hat.

„Flemings ironische Einstellung zu seinem Material (Intrigen, Sachverstand, Gewalt, Liebe, Tod) findet massenweise Fans in einer Welt, wo das Publikum kranke Witze gut findet", schreibt Maibaum. „Nebenbei ist das der Aspekt von Fleming, der am besten entwickelt ist." So viel zu seinem Verständnis der Attraktivität von romantischen Thrillern – oder von Fleming.

Über seine eigene Arbeit bemerkt Mr. Maibaum: „Höre ich irgendwelche gedämpften Fragen, ob der Drehbuchautor sich schämt? Wenn er sich schämen würde, würde er James Bond überhaupt nicht machen. Außerdem macht es Spaß, zumindest sagt er sich das."

Ziehen Sie Ihre eigenen Schlüsse über das Wesen der beteiligten ethischen Maßstäbe. Beachten Sie auch, dass der Autor des Films über die beiden „unglaublichen [aber sympathischen] Kidnapper" es nicht für nötig hält, sich zu schämen.

Mr. Maibaum fährt fort: „Auch meine Charakterisierung von James Bond weicht von den Romanen ab … Sie übernimmt den Super-Detektiv, Super-Kämpfer, Super-Hedonisten und Super-Liebhaber von Fleming, fügt aber eine weitere große Dimension hinzu: Humor. Humor aus trockenen Kommentaren in kritischen Momenten. In den Büchern fehlt Bond das total." Was nicht stimmt, wie jeder Leser der Bücher bestätigen kann.

Und schließlich: „Ein kluger junger Produzent quatschte mich eines Tages mit leuchtenden Augen an. ‚Ich mache eine Parodie auf die Bond-Filme.' Wie, so fragte ich mich, macht man eine Parodie aus einer Parodie? Denn das ist letztendlich das, was wir mit Flemings Büchern gemacht haben. Wir haben sie parodiert. Ich bin mir nicht sicher, ob Ian das verstanden hat."

Das sagt er über die Arbeit eines Mannes, dessen Talent, Leistung und Ruhm einer Gruppe aus bis dahin namenlosen Personen die Chance auf Ruhm und Berge von Geld gab.

Sehen sie sich an, dass moderne Intellektuelle bei der Frage von Humor in Thrillern den Begriff „Humor" als Anti-Begriff verwenden, d.h. als Doppeldeutigkeit, in der die richtige Bedeutung dazu dient, eine falsche zu verbergen und einzuschmuggeln. Der Zweck besteht in der Auslöschung des Unterschieds zwischen „Humor" und „Verhöhnung", besonders *Selbstverhöhnung*, um einen dazu zu bringen, die eigenen Werte und die eigene Selbstachtung zu bespucken, aus Angst davor, der „Humorlosigkeit" beschuldigt zu werden.

Denken Sie daran, dass Humor keine unbedingte Tugend ist und davon abhängt, worauf er abzielt. Man darf *mit* einem Helden lachen, aber nie *über* ihn – so wie eine Satire *über* etwas lachen darf, aber nie *über sich selbst*. Eine Komposition, die über sich selbst lacht, ist Betrug am Publikum.

In Flemings Romanen macht James Bond ständig schlagfertige, witzige Bemerkungen, die Teil seines Charmes sind. Aber das ist nicht das, was Mr. Maibaum mit dem Wort „Humor" meint. Er meint anscheinend Humor *auf Bonds Kosten* – die Art von Humor, die Bonds Gestalt untergraben und ihn lächerlich machen soll, was bedeutet: ihn zu zerstören.

So sieht der grundlegende Widerspruch und die furchtbare, parasitäre Unmoral in jedem Versuch aus, „ironische“ Thriller zu schaffen. Dazu muss man alle Werte eines Thrillers verwenden, um das Interesse des Publikums zu wecken, aber all diese Werte gegen sich selbst richten und genau die Elemente zerstören, die man verwendet und auf die man zählt. Es bedeutet einen Versuch, mit dem Element abzusahnen, über das man sich lustig macht, vom Hunger des Publikums nach Romantik zu profitieren, während man sie zerstören will. Das ist nicht die Methode einer legitimen Satire: Eine Satire teilt nicht die Werte dessen, was sie verurteilt; sie verurteilt durch und im Zusammenhang eines *entgegengesetzten* Wertekanons.

Die Unfähigkeit, das Wesen und die Attraktivität der Romantik zu verstehen, ist ein deutliches Zeichen für die erkenntnistheoretische Auflösung der modernen Intellektuellen. Nur eine entsetzlich gegenständlich denkende, anti-begriffliche Gesinnung würde ihr Abstraktionsvermögen so weit verlieren, dass sie keine abstrakte Bedeutung mehr begreifen kann, die sogar ein ungelernter Arbeiter begreifen und ein Präsident der Vereinigten Staaten genießen kann. Nur eine angehaltene moderne Gesinnung protestiert noch, dass die Ereignisse in einem Thriller unglaublich oder unwahrscheinlich sind, dass es keine Helden gibt, dass „das Leben so nicht ist“ – was alles vollkommen irrelevant ist.

Niemand nimmt Thriller wörtlich oder macht sich etwas aus ihren spezifischen Ereignissen oder hegt insgeheim den Wunsch, Geheimagent oder Privatdetektiv zu werden. Thriller verstehen sich symbolisch; sie dramatisieren eine der umfassendsten und wichtigsten Abstraktionen: die Abstraktion eines *moralischen Konflikts*.

Was das Publikum in Thrillern sucht, ist das Schauspiel von *menschlicher Wirksamkeit*: seiner Fähigkeit, für seine Werte zu kämpfen und sie zu erreichen. Man sieht ein verdichtetes, vereinfachtes Muster, das aufs Wesentliche reduziert wurde: Jemand kämpft für ein wichtiges Ziel, überwindet ein Hindernis nach dem anderen, steht vor großen Gefahren und Risiken, besteht in einem furchtbaren Kampf und gewinnt. Ein Thriller ist weit entfernt davon, ein leichtes oder „unrealistisches" Bild vom Leben zu zeichnen, er deutet auf die Notwendigkeit eines schwierigen Kampfes hin; wenn der Held „überlebensgroß" ist, dann sind es auch die Schurken und die Gefahren.

Eine Abstraktion muss „überlebensgroß" sein, um alle Einzelfälle zu umfassen, mit denen sich individuelle Menschen befassen, jeweils nach der Größenordnung der eigenen Werte, Ziele und des jeweiligen Ehrgeizes. Die Größenordnung variiert; die jeweiligen psychologischen Beziehungen bleiben gleich. Die Hindernisse, vor denen ein Durchschnittsmensch steht, sind für ihn so überragend wie Bonds Gegenspieler; aber das Bild eines Bond sagt ihm: „Ich kann es schaffen."

Was man im Schauspiel des letztendlichen Triumphes des Guten findet, ist die Inspiration, in den moralischen Konflikten des eigenen Lebens um die eigenen Werte zu kämpfen.

Wer menschliche Ohnmacht proklamiert und automatische Sicherheit sucht, erhebt Einspruch und sagt, dass „das Leben nicht so ist, ein garantiertes Happy End gibt es nicht" – dem muss man antworten: Ein Thriller ist realistischer als ein solches Weltbild, denn es zeigt einem den *einzigen* Weg, der ein Happy End überhaupt *möglich* macht.

Hier treffen wir ein interessantes Paradoxon an. Nur die Oberflächlichkeit der Naturalisten klassifiziert Romantik als „Flucht"; dies ist nur im sehr oberflächlichen Sinn zutreffend, wie man eine strahlende Vision als Erleichterung von der trüben Last „echter" Probleme betrachtet. Aber im tieferen, metaphysisch-moralisch-psychologischen Sinn ist es eben der *Naturalismus*, der eine Flucht darstellt – eine Flucht vor Entscheidungen, vor Werten, vor moralischer Verantwortung – und es ist die *Romantik*, die den Menschen für die Schlachten trainiert und ausrüstet, vor denen er in der Wirklichkeit steht.

In der Abgeschiedenheit seiner eigenen Seele identifiziert sich niemand mit den Leuten von nebenan, außer er hat aufgegeben. Aber die generalisierte Abstraktion eines Helden erlaubt jedem, sich mit James Bond zu identifizieren, und jeder ergänzt seine eigenen konkreten Begebenheiten, die durch diese Abstraktion erleuchtet und getragen werden. Das ist kein bewusster Prozess, sondern eine emotionale Integration, von der die meisten Menschen nicht wissen, dass *sie* der Grund dafür ist, warum sie Thriller gut finden. Sie suchen keinen Anführer oder Beschützer in einem Helden, da seine Heldentaten immer hoch individualistisch und un-gesellschaftlich sind. Sie suchen etwas zutiefst Persönliches: Selbstvertrauen und Selbstbehauptung. Inspiriert durch James Bond findet jemand vielleicht den Mut, gegen die Zumutungen seiner Schwiegereltern zu rebellieren oder eine verdiente Lohnerhöhung einzufordern oder seinen Job zu wechseln oder der Frau, die er liebt, einen Antrag zu machen oder seine neue Erfindung gegen die Meinung der ganzen Welt zu verteidigen.

Und genau *das* kann naturalistische Kunst ihm niemals geben.

Sehen Sie sich dazu eines der besten Beispiele für modernen Naturalismus an – Paddy Chayefskis „Marty". Es ist ein extrem sensibles, scharfsinniges, anrührendes Portrait eines bescheidenen Mannes, der um Selbstbehauptung kämpft. Man kann Marty sympathisch finden und sich über seinen letztendlichen Erfolg freuen. Aber es ist höchst zweifelhaft, dass irgendjemand, einschließlich der unzähligen „echten" Martys, von seinem Beispiel inspiriert wird. Niemand fühlt: „Ich möchte wie Marty sein." Jeder (außer den Verkommensten) kann fühlen: „Ich möchte wie James Bond sein."

Das ist die Bedeutung jener populären Kunstform, die die heutigen „Freunde des Volkes" hysterisch und hasserfüllt angreifen.

Die schuldigsten Beteiligten sind – sowohl bei den Zuschauern als auch unter Fachleuten – die moralischen Feiglinge, die diesen Hass nicht teilen, ihn aber beschwichtigen wollen, die ihre eigenen romantischen Werte für ein geheimes Laster halten, sie verstecken, sie heimlich auf dem Schwarzmarkt verschachern und die etablierten intellektuellen Autoritäten in der verlangten Währung ausbezahlen: Selbstverhöhnung.

Das Spiel wird weitergehen bis sie James Bond zerstört haben, wie sie es bereits mit Mike Hammer und Eliot Ness gemacht haben. Dann werden sie sich ein neues Opfer für ihre „Parodien" suchen – bis irgendein Wurm irgendwann erklären wird, dass er dieses romantische Falschgeld nicht mehr akzeptieren wird.

Auch die Öffentlichkeit wird ihren Teil zu leisten haben: Sie muss aufhören, sich mit ästhetischen Spelunken zufriedenzugeben und die Aufhebung des Joyce-Kafka-Gesetzes verlangen, das den Verkauf und den Konsum von sauberem Wasser verbietet, außer wenn es durch Humor verschnitten wurde, während gepanschter Fusel skrupellos in jedem Buchladen verkauft und getrunken wird.

(Januar 1965)

9. Kunst und moralischer Verrat

Als ich Herrn X zum ersten Mal sah, dachte ich, er hätte das tragischste Gesicht, das ich je gesehen hatte: Es hatte keine Anzeichen einer bestimmten Tragödie, nicht das Aussehen großer Trauer, sondern das einer verzweifelten Hoffnungslosigkeit, Müdigkeit und Resignation, das sich durch den chronischen Schmerz vieler Jahre eingebrannt hatte. Er war 26 Jahre alt.

Er hatte einen brillanten Verstand, hervorragende akademische Zeugnisse auf dem Gebiet der Ingenieurswissenschaft, einen vielversprechenden Anfang in seinem Beruf – und keine Energie für sein Weiterkommen. Er war von einem so extremen Zustand der Unentschlossenheit gelähmt, dass jede Entscheidung ihm Angst bereitete, sogar die Frage, ob er in eine bessere Wohnung umziehen sollte. Er stagnierte in einem Job, der ihn nicht ausfüllte und zu einer langweiligen, trägen Routine geworden war. Er war so einsam, dass er die Fähigkeit verloren hatte, es wahrzunehmen, er hatte keinen Begriff von Freundschaft, und seine wenigen Versuche mit romantischen Beziehungen waren katastrophal gescheitert, ohne dass er hätte sagen können, warum.

Als ich ihn traf, befand er sich in psychiatrischer Behandlung und kämpfte verzweifelt darum, die Ursachen für seinen Zustand herauszufinden. Es schien keinen existentiellen Grund dafür zu geben. Seine Kindheit war zwar nicht sehr glücklich gewesen, aber in vielerlei Hinsicht besser als durchschnittlich. Es gab keinerlei traumatische Ereignisse, keine größeren Erschütterungen, Enttäuschungen oder Frustrationen. Und doch suggerierte seine eingefrorene Unpersönlichkeit einen Mann, der nichts mehr fühlte und nichts mehr wollte. Er war ein graues Häufchen Asche, das nie richtig gebrannt hatte.

Als wir über seine Kindheit sprachen, fragte ich ihn einmal, was er geliebt hatte (*was*, nicht *wen*). „Nichts“, sagte er – und erwähnte dann ein Spielzeug, dass er sehr gern gehabt hatte. Bei einer anderen Gelegenheit erwähnte ich ein schockierend irrationales und ungerechtes aktuelles politisches Ereignis, das er auch bösartig fand, ihn aber gleichgültig ließ. Ich fragte ihn, ob es ihn nicht empörte. „Sie verstehen nicht“, antwortete er sanft. „Mich empört nie irgendetwas.“

Er vertrat einige abwegige philosophische Ansichten (beeinflusst durch einen College-Kurs in Philosophie), seine intellektuellen Ziele und Motive schienen zwar ein wenig konfus, aber in die richtige Richtung zu gehen, und ich konnte keine größeren ideologischen Sünden feststellen, kein Verbrechen, das der Strafe entsprach, die er ertrug.

Eines Tages aber erzählte er mir in einer Unterhaltung über die Rolle menschlicher Ideale in der Kunst beinahe beiläufig folgende Geschichte. Vor einigen Jahren hatte er einen bestimmten halb-romantischen Film gesehen und etwas gefühlt, das er nicht beschreiben konnte, besonders in Bezug auf die Figur eines Industriellen, der seine visionäre Arbeit leidenschaftlich, unnachgiebig und hingebungsvoll vorantrieb.

Herr X erzählte mir das zwar unzusammenhängend, aber es war klar, dass er mehr als nur Bewunderung für eine einzelne Figur empfunden hatte: Es war das Gefühl, eine andere Art von Universum zu sehen – und sein Gefühl war Begeisterung. „Ich wollte immer, dass das Leben so ist“, sagte er. Seine Augen funkelten, seine Stimme war begierig, sein Gesicht war jung und lebendig. Für diesen kurzen Moment war er verliebt. Dann kam die graue Leblosigkeit zurück und er schloss in einem matten Tonfall und mit einer Spur gequälter Sehnsucht: „Als ich aus dem Kino kam, fühlte ich mich schuldig, dass ich das gefühlt hatte.“ „*Schuldig?* Warum?“, fragte ich. Er antwortete: „Weil ich dachte, das meine Reaktion genau das ist, was mit mir nicht stimmt … Das ist das unpraktische Element in mir … So ist das Leben halt nicht …“

Mir lief es kalt den Rücken runter. Was auch immer die Wurzel seiner Probleme war, so war dies der Schlüssel dazu; es war das Symptom nicht der Amoral, sondern eines tiefgreifenden moralischen Verrats. Bei was und bei wem kann man sich für das Beste in einem entschuldigen wollen? Und was kann man danach noch vom Leben erwarten?

(Was Herrn X letztendlich gerettet hat, war seine Verpflichtung zur Vernunft; für ihn war die Vernunft ein Absolutum, selbst wenn er nicht ihre volle Bedeutung und Anwendung kannte; etwas Absolutes, das die schlimmsten Zeiten, die er in seinem Kampf um die Wiedergewinnung seiner psychologischen Gesundheit ertragen musste, überlebt hatte, und das die Seele, die er verleugnet hatte, wiederbelebte. Dank seiner entschlossenen Beharrlichkeit gewann er diesen Kampf. Er hat seinen Job aufgegeben, viele Risiken auf sich genommen und ist heute in einem Beruf, den er liebt, höchst erfolgreich und auf dem Weg nach oben. Er kämpft immer noch mit einigen Überbleibseln seiner früheren Irrtümer. Aber als Messlatte für seine Gesundung und die Strecke, die er zurückgelegt hat, möchte ich anregen, dass Sie den ersten Abschnitt noch einmal lesen, bevor ich Ihnen sage, dass ich vor kurzem ein Foto von ihm sah, auf dem er lachte, und dass dieses Lachen von allen Figuren aus *Der Streik* am besten zu Francisco d'Anconia passen würde.)

Der Fall von Herrn Y war verblüffend ähnlich, obwohl die beiden Männer sich in den meisten Aspekten deutlich unterschieden. Herr Y war ein Atomphysiker, der in seinem Beruf einen ausgezeichneten Namen hatte und sich bereits in jungen Jahren viele Verdienste anrechnen konnte. Oberflächlich schien er ein „gut angepasster" Mann zu sein, der außerhalb seines Labors ein „normales", völlig konventionelles Leben führte. Sein Auftreten war ruhig und selbstsicher, manchmal charmant und witzig und nur ein wenig zu steif. Er war außergewöhnlich intelligent, und seine leidenschaftliche Liebe zu seiner Arbeit war eines seiner attraktivsten Merkmale.

Doch im Stillen ging er in die Brüche, und die Form, die er seinem Problem verlieh (wenngleich dies nicht dessen wahre Natur war), lautete: Zweifel an seiner eigenen Intelligenz und der Wirksamkeit der Wissenschaft.

Auch er bemühte sich darum, den Ursprung seiner inneren Konflikte zu entdecken. Ich kannte ihn nicht sehr gut, und daher lieferte ich ungewollt einen entscheidenden Hinweis auf sein Problem. Eines Abends unterbrach ich eine Unterhaltung mit ihm, um für einen Augenblick einen bestimmten Film im Fernsehen einzuschalten: Ich erklärte ihm, dass in diesem Film ein Musikstück vorkommt, das ich sehr mochte und nicht in Schallplattenform bekommen konnte. Es war eine populäre Nummer aus der Zeit vor dem Ersten Weltkrieg und genau *meine* Art von Musik: fröhlich, melodisch, rhythmisch einfallsreich und stellte ein völlig ungetrübtes Lebensgefühl dar.

Ich war erschrocken über seinen Gesichtsausdruck, als die ersten Takte dieser Musik anfingen: Betroffenheit, Wiedererkennen, Belustigung – eine fast väterliche Belustigung mir gegenüber – Bitterkeit, Sehnsucht und furchtbarer Schmerz. Ich fragte ihn, was los sei. Er wurde von einer solchen inneren Explosion geschüttelt, dass er für eine ganze Weile nicht sprechen konnte. Nach und nach weihte er mich ein.

Er kannte den Stellenwert, den meine Art von Musik in meinem Leben einnahm. In *seinem* Leben hatte die Kunst und die Musik des Balletts diesen Stellenwert. Dies war seine große Liebe gewesen. Früher einmal hatte er alle Vorstellungen guter Ballettensembles besucht, die er finden konnte. Was er damals empfand, war ein absolutes Hochgefühl. *Das* hielt er für sein schuldiges Geheimnis. Er hatte versucht, es zu unterdrücken. Er hatte sich nicht gestattet, die Bedeutung seiner Liebe zu begreifen. Er hatte versucht, ihr in seinem Leben keinen Platz und in seinen Augen keinerlei Wichtigkeit einzuräumen, in der uneingestandenen Hoffnung, dass er sie zerstören könne – nicht, indem er sie auslöschte, sondern schlimmer: indem er sich weigerte, sie ernst zu nehmen. Er hatte sie als „lächerlich" gebrandmarkt und somit quasi als Henker seiner eigenen Seele gehandelt.

Musik liebte er immer noch, und er besaß eine große Schallplattensammlung – für ein ästhetisches Vergnügen, das ihm keinerlei persönliche Bedeutung vermittelte und keinerlei persönliche Gefühle in ihm hervorrief; alle Schallplatten waren von Klassikern wie Bach, Haydn und Mozart; *er besaß nicht eine einzige Schallplatte mit Ballettmusik.*

„Warum nicht?“, fragte ich. Er antwortete: „Weil ich in dieser Stimmung Angst vor mir selbst habe.“

Angst wovor? Vor seiner Unfähigkeit, seine eigenen Werte abzustreiten und den konventionellen Maßstäben zu gehorchen, die er sich sein Leben lang selbst aufgezwungen hatte. Und was ihn beim Erklingen meiner Musik getroffen hatte, war die plötzliche Einsicht, die ihm die Bedeutung dessen verriet, was er unterdrückte, und das volle Ausmaß seines moralischen Verrats.

(Natürlich habe ich ihm für den Rest des Abends Ballettmusik vorgespielt. Seitdem kauft er sich die Schallplatten, die er haben wollte. Seine Probleme sind noch nicht gelöst, aber er arbeitet daran und kommt jeden Monat mehr ins Leben zurück; und die Persönlichkeit, die nun hervortritt, hat ein authentisches Selbstbewusstsein und einen subtilen intellektuellen Charme, der unnachahmlich zu ihm gehört.)

Es gibt zahllose ähnliche Fälle wie diesen; dieser ist bloß der dramatischste aus meinem Umfeld und dreht sich um einen Menschen von ungewöhnlichem Format. Aber dieselbe Tragödie wiederholt sich überall, in vielen versteckten, verzwickten Formen – wie eine geheime Folterkammer in den Seelen der Menschen, aus denen uns gelegentlich ein unkenntlicher Schrei erreicht und dann wieder verstummt. Solche Menschen sind sowohl Opfer als auch Täter. Und bestimmte Prinzipien gelten für sie alle.

Der Mensch ist ein Wesen mit selbstgemachter Seele – was bedeutet, dass sein Charakter von seinen Grundprämissen, besonders von seinen grundlegenden Wertprämissen, geformt wird. In den entscheidenden prägenden Jahren seines Lebens (der Kindheit und der Jugend) ist romantische Kunst seine wichtigste (und heute einzige) Quelle eines *moralischen* Lebensgefühls. (Später ist romantische Kunst oft die einzige Möglichkeit, es zu empfinden.)

Bitte beachten Sie, dass Kunst nicht seine einzige Quelle von *Moral* ist, sondern eines *moralischen Lebensgefühls*. Dies muss man sorgfältig voneinander unterscheiden.

Ein *„Lebensgefühl“* ist ein vor-begriffliches Äquivalent von Metaphysik, eine emotionale, unterbewusst integrierte Einschätzung des Menschen und des Daseins. *Moral* ist ein abstrakter, begrifflicher Kanon aus Werten und Prinzipien.

Der Entwicklungsprozess eines Kindes besteht aus dem Erwerb von Wissen, was die Entwicklung seiner Fähigkeit erfordert, mit immer umfassenderen Abstraktionen umzugehen und sie zu begreifen. Dies beinhaltet das Wachstum zweier verwandter, aber unterschiedlicher Abstraktionsketten, zweier hierarchischer Begriffsstrukturen, die integriert sein sollten, aber selten integriert sind: der *kognitiven* und der *normativen*. Erstere behandelt das Wissen über die Tatsachen der Realität – zweitere die *Einschätzung* dieser Tatsachen. Erstere bildet das erkenntnistheoretische Fundament der Wissenschaft, zweitere das Fundament der Moral und der Kunst.

In der heutigen Kultur wird die Entwicklung der *kognitiven* Abstraktionen eines Kindes minimal gefördert, wenn auch nur unbeholfen, halbherzig und mit vielen beschwerlichen, lähmenden Hindernissen (wie z.B. vernunftfeindliche Lehren und Einflüsse, die heute schlimmer werden). Aber die Entwicklung der *normativen* Abstraktionen eines Kindes wird nicht nur nicht gefördert, sondern fast vollständig unterdrückt und zerstört. Das Kind, dessen Wertungsvermögen die moralische Barbarei seiner Kindheit überlebt, muss seinen eigenen Weg finden, um seinen Sinn für Werte zu bewahren und zu entwickeln.

Von den vielen anderen Übeln der konventionellen Moral einmal abgesehen befasst sie sich nicht mit der Charakterbildung eines Kindes. Sie sagt und zeigt ihm nicht, *welche Art von Mensch er sein sollte* und warum; sie ist nur daran interessiert, ihm einen Satz an Regeln aufzuzwingen – konkrete, willkürliche, widersprüchliche und meistens unbegreifliche Regeln, die hauptsächlich aus Verboten und Pflichten bestehen. Ein Kind, dessen einziger Begriff von Moral (d.h. von *Werten*) aus Dingen besteht wie „Wasch dir die Ohren!“ – „Sei lieb zu Tante Rosalie!“ – „Mach deine Hausaufgaben!“ – „Hilf Papa beim Rasenmähen (oder Mama beim Geschirrspülen)!“ steht vor der Alternative: entweder passive *amoralische* Resignation, die in eine Zukunft aus hoffnungslosem Zynismus führt, oder blinde Rebellion. Sehen Sie sich an, dass je intelligenter und unabhängiger ein Kind ist, es hinsichtlich solcher Gebote umso widerspenstiger ist. Aber in beiden Fällen wächst das Kind mit Verbitterung und Angst oder Verachtung für den Begriff der Moral auf, der für ihn nur „eine Vogelscheuche aus Pflicht, Langeweile, Strafe und Schmerz [ist], … eine Vogelscheuche, die auf einem unfruchtbaren Feld steht und mit einem Stock herumfuchtelt, um [seine] Freude zu verjagen …" (*Der Streik*).

Diese Art von Erziehung ist in der heutigen Kultur nicht die schlimmste, sondern die beste, die ein Durchschnittskind zu ertragen hat. Wenn Eltern versuchen, ein moralisches Ideal einzuimpfen, das in Ermahnungen enthalten ist wie „Sei nicht egoistisch, verschenke dein Spielzeug an arme Kinder!" oder wenn sie „progressiv" erziehen und dem Kind beibringen, sich von seinen Launen leiten zu lassen, so kann der Schaden für den moralischen Charakter des Kindes irreparabel sein.

Wo kann ein Kind also den Begriff moralischer Werte und eines moralischen Charakters lernen, nach dessen Bildnis er seine eigene Seele formen kann? Wo kann er Indizien finden, das Material, aus dem er eine Kette von normativen Abstraktionen entwickeln kann? Wahrscheinlich nicht in den chaotischen, verwirrenden, widersprüchlichen Indizien, die er jeden Tag von den Erwachsenen angeboten bekommt. Einige Erwachsene mag er und andere nicht (und oftmals niemanden), aber ihre *moralischen* Merkmale zu abstrahieren, zu identifizieren und zu beurteilen, ist eine Aufgabe jenseits seiner Fähigkeiten. Und jene moralischen Prinzipien, die er eventuell nachplappert, sind für ihn schwebende Abstraktionen ohne Bezug zur Realität.

Die Hauptquelle und -darstellung moralischer Werte, die einem Kind zur Verfügung steht, ist romantische Kunst (besonders romantische Literatur). Romantische Kunst bietet ihm *keine* moralischen Regeln, keine explizite didaktische Botschaft, sondern das Abbild einer moralischen Person, d.h. die *konkretisierte Abstraktion* eines moralischen Ideals. Sie bietet eine konkrete, direkt wahrnehmbare Antwort auf die sehr abstrakte Frage, die ein Kind erahnt, aber noch nicht in Begriffe fassen kann: Was für eine Person ist moralisch und was für ein Leben führt sie?

Aus romantischer Kunst lernt ein Kind keine abstrakten Prinzipien, sondern die Vorbedingung und den Anreiz für das spätere Verständnis solcher Prinzipien: das emotionale Erlebnis von Bewunderung für das höchste menschliche Potential, die Erfahrung, zu einem Helden *aufzuschauen*, ein Weltbild, das von Werten motiviert und beherrscht wird, ein Leben, in dem menschliche Entscheidungen praktikabel, effektiv und lebenswichtig sind – d.h. ein *moralisches* Lebensgefühl.

Während ihm seine Umwelt beigebracht hat, Moral mit *Schmerz* zu assoziieren, bringt romantische Kunst ihm bei, sie mit *Vergnügen* zu assoziieren – ein inspirierendes Vergnügen, das seine eigene, zutiefst persönliche Entdeckung ist.

Die erwachsene, begriffliche Übersetzung dieses Lebensgefühls würde, wenn sie ungehindert verläuft, dem Wachstum seines Wissens folgen – und beide Elemente seiner Seele, das kognitive und das normative, würden sich zusammen in heiterer, harmonischer Integration entwickeln. Das Ideal, das im Alter von sieben Jahren von einem Cowboy verkörpert wurde, wird im Alter von zwölf zu einem Detektiv und mit zwanzig zu einem Philosophen, so wie sich die Interessen des Kindes von Comics zu Krimis und dem großen, sonnendurchfluteten Universum der romantischen Literatur, Kunst und Musik entwickeln.

Aber Moral ist unabhängig vom Alter eine *normative* Wissenschaft, d.h. eine Wissenschaft, die ein Wertziel vermittelt, das durch eine Reihe von Entscheidungen erreicht werden muss – und sie kann ohne klares Bild des Ziels, ohne ein konkretisiertes Bild des zu erreichenden Ideals nicht praktiziert werden. Wenn der Mensch eine moralische Statur erlangen und behalten soll, braucht er vom ersten denkenden Tag seines Lebens bis zum letzten ein Bild des Ideals.

Bei der Übersetzung dieses Ideals in bewusste, philosophische Begriffe und in seine tatsächliche Praxis braucht ein Kind intellektuelle Hilfe oder zumindest eine Chance, seinen eigenen

Weg zu finden. In der heutigen Kultur kriegt es keins von beidem. Das Sperrfeuer, das sein zerbrechliches, unfertiges *moralisches Lebensgefühl* von seinen Eltern, Lehrern, erwachsenen „Autoritäten" und den kleinen Trotteln seiner eigenen Generation abbekommt, ist so intensiv und so bösartig, dass nur der zäheste Held dem widerstehen kann – so bösartig, dass von allen Sünden, die Erwachsene an Kindern begehen, sie schon für *diese* eine in der Hölle schmoren müssten, wenn es so etwas gäbe.

Jede erdenkliche Strafe – angefangen bei direkten Verboten über Drohungen, Entrüstung, Verurteilung bis hin zu haarsträubender Gleichgültigkeit und Veralberung – wird gegen die ersten Zeichen seiner Romantik (d.h. gegen die ersten Anzeichen seines entstehenden Gefühls für moralische Werte) losgelassen. „So ist das Leben nicht!" und „Werde endlich erwachsen!" sind die Schlagworte, die die Motive und das Weltbild am besten zusammenfassen, die eingeimpft werden sollen.

Das Kind, das dem widersteht, und nicht sich selbst und seine Werte, sondern die Angreifer verurteilt, ist eine seltene Ausnahme. Das Kind, das seine Werte nur *verdrängt*, die Verständigung einstellt und sich in ein einsames Privatuniversum zurückzieht, ist fast ebenso selten. In den meisten Fällen *unterdrückt* das Kind seine Werte und gibt auf. Es gibt den gesamten Bereich der Bewertung, der Wertentscheidungen und Urteile auf – ohne zu wissen, dass es damit die *Moral* aufgibt.

Diese Aufgabe wird erzwungen durch einen langen, fast unmerklichen Prozess, einen konstanten, allgegenwärtigen Druck, den das Kind absorbiert und schrittweise akzeptiert. Sein Geist wird nicht durch einen einzelnen Schlag gebrochen: Er wird durch tausend kleine Kratzer ausgeblutet.

Der schlimmste Teil dieses Prozesses ist die Tatsache, dass das Moralempfinden eines Kindes nicht nur durch seine eventuell vorhandenen Schwächen oder Fehler zerstört wird, sondern durch seine noch kaum vorhandenen Tugenden. Ein intelligentes Kind erkennt, dass es noch nicht weiß, wie das Leben als Erwachsener aussieht, dass es noch viel zu lernen hat und begierig darauf ist, es zu lernen. Ein ehrgeiziges Kind ist entschlossen, etwas Wichtiges aus sich und seinem Leben zu machen. Wenn es also solche Drohungen wie „Warte ab, bis du erwachsen bist!" und „Mit diesem Kinderkram kommst du nicht weit!" hört, werden seine Tugenden gegen ihn verwendet: seine Intelligenz, sein Ehrgeiz und jeglicher Respekt, den er für das Wissen und das Urteil der Älteren empfinden mag.

Somit wird in seinem Bewusstsein das Fundament einer tödlichen Dichotomie zementiert: das *Praktische* gegen das *Moralische*, mit der ungenannten, vor-begrifflichen Implikation, dass Praktikabilität den Verrat der eigenen Werte und den Verzicht auf Ideale erfordert.

Seine Rationalität wird durch eine ähnliche Dichotomie gegen ihn verwendet: *Vernunft* gegen *Gefühl*. Sein romantisches Lebensgefühl ist nur ein *Gefühl*, eine unzusammenhängende Emotion, die er weder mitteilen oder erklären noch beschützen kann. Es ist ein intensives, aber zerbrechliches Gefühl, das für jede sarkastische Anschuldigung anfällig ist, da er unfähig ist, seine wahre Bedeutung zu identifizieren.

Es ist (besonders für einen Jugendlichen) leicht, ein Kind zu überzeugen, dass sein Wunsch, zu sein wie Buck Rogers, lächerlich ist: Es weiß genau, dass es nicht wirklich Buck Rogers meint, aber gleichzeitig irgendwie schon – es fühlt sich in einem inneren Widerspruch gefangen, und dies bestätigt sein trostloses Gefühl, dass er eine Witzfigur ist.

Somit erreichen die Erwachsenen – deren erste moralische Verpflichtung zu einem Kind auf dieser Entwicklungsstufe daraus besteht, ihm dabei zu helfen, zu verstehen, dass es eine Abstraktion liebt und ihm beim Erreichen des *begrifflichen* Reiches zu helfen – das genaue Gegenteil. Sie verkrüppeln sein Begriffsvermögen, verkrüppeln seine normativen Abstraktionen, ersticken seinen *moralischen Ehrgeiz*, d.h. sein Verlangen nach Tugend, d.h. seine Selbstachtung. Sie bremsen seine Wertentwicklung auf einer primitiven, gegenständlich denkenden Stufe: Sie überzeugen ihn, dass wie Buck Rogers zu sein heißt, dass man einen Helm trägt und Armeen aus Marsmenschen mit einer Strahlenpistole umlegt, und dass er solche Ideen besser aufgibt, wenn er es je zu etwas bringen will. Und sie erledigen ihn mit Argumentationsjuwelen wie: „Buck Rogers? Haha! Der kriegt nie einen Schnupfen. Kennst du irgendjemanden, der nie Schnupfen kriegt? Du hattest doch letzte Woche erst einen. Also bilde dir bloß nicht ein, dass du besser wärst als wir!"

Ihr Motiv ist offensichtlich. Wenn sie Romantik wirklich für eine „unpraktische Phantasie" hielten, wären sie amüsiert oder gleichgültig, nicht leidenschaftlich empört oder blindwütig.

Während das Kind somit zu Angst, Misstrauen und der Unterdrückung seiner Gefühle gebracht wird, kann es nicht vermeiden, die hysterische Heftigkeit der Gefühle mitanzusehen, die die Erwachsenen gegen ihn in dieser und anderen Fragen loslassen. Es schließt daraus unterbewusst, dass Gefühle *an sich* gefährlich sind, dass sie das irrationale, unvorhersagbar zerstörerische Element sind, das ihn jeden Moment aus einem unbegreiflichen Grund auf furchtbare Weise ereilen kann. Dies ist der vorletzte Stein in der Mauer der Unterdrückung, die es zur Bestattung seiner Gefühle errichtet. Der letzte ist sein verzweifelter Stolz, der eine fehlgeleitete Entscheidung trifft wie: „Ich lasse nicht zu, dass sie mich noch einmal verletzen!" Und das erreicht man seiner Meinung nach am besten, indem man nie wieder etwas fühlt.

Aber die Unterdrückung von Gefühlen kann nie vollständig gelingen; wenn alle anderen Gefühle erstickt wurden, übernimmt ein einzelnes das Ruder: Angst.

Das Element der Angst war beim Prozess seiner moralischen Zerstörung von Anfang an beteiligt. Seine geopferten Tugenden waren nicht die einzige Ursache; auch seine Laster waren aktiv: Angst vor anderen, besonders vor Erwachsenen, Angst vor Unabhängigkeit, vor Verantwortung, vor Einsamkeit – genau wie Selbstzweifel und der Wunsch, akzeptiert zu werden, „dazu zu gehören."

Aber die Beteiligung seiner Tugenden macht seine Lage so tragisch und später so schwer zu korrigieren.

Während er aufwächst, wird seine Amoral verstärkt und bekräftigt. Seine Intelligenz bewahrt ihn davor, irgendeine der aktuellen Moraltheorien (die mystische, die gesellschaftliche oder die subjektive) zu übernehmen. Ein begieriger junger Geist, der die Anleitung durch die Vernunft sucht, kann das Übernatürliche nicht ernst nehmen und ist für Mystizismus unzugänglich. Es dauert nicht lange, bis es die Widersprüche und die ekelerregende, selbsterniedrigende Heuchelei der gesellschaftlichen Theorie erkennt. Aber der schlimmste Einfluss von allen ist für ihn die subjektive.

Er ist (auf seine eigene fehlgeleitete, gequälte Weise) zu intelligent und ehrenhaft, um nicht zu wissen, dass das *Subjektive* das Willkürliche, das Irrationale, das blindlings Emotionale bedeutet. Diese Elemente assoziiert er mittlerweile mit der Einstellung der Leute in moralischen Fragen. Wenn die formelle Philosophie ihm sagt, dass Moral aufgrund ihrer Natur nichts mit Vernunft zu tun habe und nur eine Sache subjektiver Entscheidungen sein könne, ist dies der Todeskuss für seine moralische Entwicklung. Seine bewusste Überzeugung vereint sich nun mit seinem unterbewussten Gefühl, dass Wertentscheidungen aus dem hirnlosen Element der Leute kommen und ein gefährlicher, unerkennbarer, unvorhersagbarer Feind sind. Seine bewusste Entscheidung lautet: nicht in moralische Fragen verwickelt werden; ihre unterbewusste Bedeutung lautet: *nichts wertschätzen* (oder schlimmer: nichts *zu sehr* wertschätzen, keine unersetzlichen, unentbehrlichen Werte vertreten).

Von hier bis zu einem moralischen Feigling und einem überwältigenden Schuldgefühl ist es für einen intelligenten Menschen nicht sehr weit. Das Resultat ist ein Mann, wie ich ihn in Form von Herrn X beschrieben habe.

Ich möchte zu seinen Gunsten sagen, dass er sich seinen inneren Widersprüchen nicht „anpassen" konnte – und es war genau sein früher beruflicher Erfolg, der ihn psychologisch zerbrochen hat: Er offenbarte sein Wert-Vakuum, seinen Mangel an persönlichen Zielen und somit die selbsterniedrigende Nutzlosigkeit seiner Arbeit.

Er wusste – auch wenn ihm die Worte dafür fehlten –, dass er das Gegenteil seiner ursprünglichen, vor-begrifflichen Ziele und

Motive erreichte. Anstatt ein rationales (d.h. vernunftgeleitetes und vernunftmotiviertes) Leben zu führen, wurde er schrittweise zu einem launischen, subjektivistischen Launenanbeter und handelte besonders in seinen persönlichen Beziehungen aus Mangel an fest definierten Werten auf Sichtweite. Statt Unabhängigkeit von der Irrationalität anderer zu erreichen, wurde er (aus demselben Mangel) gezwungen, entweder ein Zweithänder zu werden oder einen dementsprechenden Verhaltenskodex, eine blinde Abhängigkeit von den Wertesystemen anderer, einen Zustand niederster Konformität anzunehmen. Statt Vergnügen brachte ihm jeder Anblick eines höheren Wertes oder jede edlere Erfahrung Schmerz, Schuld und Angst – und redete ihm ein, diese nicht zu ergreifen und dafür zu kämpfen, sondern davor zu flüchten, ihnen auszuweichen, sie zu verraten (oder sich dafür *zu entschuldigen*), um die Maßstäbe der konventionellen Menschen zu beschwichtigen, die er verachtete. Anstelle eines Opfers, das er meistens gewesen war, wurde er zum Killer.

Der deutlichste Beweis dafür zeigte sich in seiner Einstellung zu romantischer Kunst. Der Verrat an seinen künstlerischen Werten ist nicht die primäre Ursache seiner Neurose (trägt aber dazu bei), sondern wird zu ihrem verräterischsten Symptom.

Dies ist besonders für jene wichtig, die ihre psychologischen Probleme lösen wollen. Das Chaos der eigenen persönlichen Beziehungen und Werte mag zuerst zu komplex zu entwirren sein. Aber romantische Kunst bietet einem eine klare, strahlende, unpersönliche Abstraktion – und somit einen klaren, objektiven Test des eigenen inneren Zustandes, einen Hinweis, der dem bewussten Verstand zugänglich ist.

Wer merkt, dass er die höchstmögliche menschliche Erfahrung, einen Zustand ungetrübter Erhebung, fürchtet, vermeidet und negiert, kann wissen, dass er tief im Schlamassel steckt und dass seine einzigen Alternativen lauten: entweder die eigenen Werteprämissen von Anfang an überprüfen, angefangen bei der unterdrückten, vergessenen, verratenen Figur seines jeweiligen Buck Rogers, und seine zerbrochene Kette normativer Abstraktionen rekonstruieren – oder zu genau dem Monster werden, das er in jenen Momenten ist, in denen er irgendeinem fetten Spießer mit einem unterwürfigen Kichern sagt, dass Erhebung unpraktisch ist.

So wie romantische Kunst der erste flüchtige Eindruck eines moralischen Lebensgefühls ist, so ist sie auch der letzte Rettungsanker, der letzte Strohhalm.

Romantische Kunst ist der Treibstoff und die Zündkerze der menschlichen Seele; ihre Aufgabe besteht darin, die Seele zu entflammen und sie nie mehr ausgehen zu lassen. Die Aufgabe, dieses Feuer mit einem Motor und einer Richtung auszustatten, gehört der Philosophie.

(März 1965)

10. Einleitung zu *Dreiundneunzig*

Haben Sie sich je gefragt, was sie gefühlt haben mögen – diese ersten Menschen der Renaissance, als sie aus dem langen Alptraum des Mittelalters heraustraten, wo sie als einzige Darstellungen der menschlichen Seele deformierte Monstrositäten und Fratzen zu sehen bekamen, und nun zum ersten Mal einen neuen, freien, ungehinderten Blick auf die Welt richteten und unter Trümmerhaufen die Statuen griechischer Götter wiederentdeckten? Wenn ja, dann können Sie dieses unwiederbringliche Gefühl erleben, wenn Sie die Romane von Victor Hugo wiederentdecken.

Die zeitliche Entfernung zwischen seiner Welt und der unseren ist erstaunlich klein – er starb im Jahre 1885 –, aber die Entfernung zwischen seinem Universum und dem unseren muss in ästhetischen Lichtjahren gemessen werden. Er ist der amerikanischen Öffentlichkeit nur wegen seiner verunstalteten Überbleibsel auf der Leinwand bekannt, sonst aber buchstäblich unbekannt. In den Literaturkursen unserer Universitäten werden seine Werke nur selten behandelt. Er liegt begraben unter den ästhetischen Trümmern unserer Tage, während die grinsenden Fratzen wieder zurück sind – nicht auf den Türmen unserer Kathedralen, sondern auf den Seiten gestaltloser, unfokussierter, ungrammatikalischer Romane über Drogenabhängige, Gammler, Mörder, Trinker und Psychopathen. Er ist für die Neo-Barbaren unserer Zeit aus den gleichen Gründen unsichtbar wie die Kunst Roms es für ihre geistigen Vorfahren war. Und doch ist Victor Hugo der größte Romancier der Weltliteratur …

Die romantische Literatur entstand erst im 19. Jahrhundert, als das Leben politisch freier war als in jeder anderen Periode, und als die westliche Kultur noch einen vorwiegend aristotelischen Einfluss widerspiegelte – die Überzeugung, dass der menschliche Geist fähig ist, mit der Realität umzugehen. Die Romantiker waren in ihren Ansichten weit entfernt davon,

Aristoteliker zu sein; aber aus seiner befreienden Kraft haben sie ihr Lebensgefühl. Das 19. Jahrhundert sah sowohl den Anfang als auch den Höhepunkt einer erlauchten Reihe großartiger romantischer Romanciers.

Und der größte unter ihnen war Victor Hugo …

Alle (und besonders junge) Leser, die mit einer Literatur aufgewachsen sind, die Zola vergleichsweise romantisch erscheinen lässt, sollten gewarnt sein, dass die erste Begegnung mit Hugo ein Schock für sie sein kann: Es ist, als käme man aus einem unergründlichen, mit dem Stöhnen verwesender Halbtoter erfüllten Untergrund ans blendende Sonnenlicht. Ich möchte Ihnen einen intellektuellen Verbandskasten bieten und Folgendes anregen:

Suchen Sie nicht nach bekannten Orientierungspunkten – Sie werden keine finden; Sie betreten nicht den Hinterhof der „Leute von nebenan", sondern ein Universum, von dessen Existenz Sie bis jetzt nichts geahnt hatten.

Suchen Sie nicht nach „den Leuten von nebenan" – Sie werden Giganten treffen, die Ihre Nachbarn hätten sein können und sollen.

Sagen Sie nicht, dass diese Giganten „unwirklich" sind, weil Sie sie noch nie gesehen haben – überprüfen Sie *Ihre* Augen und *Ihre* Prämissen, nicht die von Hugo; sein Ziel bestand nicht darin, Ihnen das zu zeigen, was Sie schon tausendmal gesehen haben.

Sagen Sie nicht, dass die Taten dieser Giganten „unmöglich" sind, weil sie heroisch, edel, intelligent und schön sind – denken Sie daran, dass Feigheit, Verkommenheit, Hirnlosigkeit und Hässlichkeit nicht alles sind, was dem Menschen möglich ist.

Sagen Sie nicht, dass dieses leuchtende neue Universum eine „Flucht" ist – Sie werden härtere, anstrengendere und tragischere Schlachten sehen, als alle, die Sie schon an der Ecke vom Billardsalon gesehen haben; der Unterschied ist aber folgender: In diesen Schlachten geht es nicht um 1-Dollar-Einsätze.

Sagen Sie nicht, dass „das Leben nicht so ist" – fragen Sie sich: *Wessen* Leben?

Diese Warnung wird von der Tatsache notwendig gemacht, dass die philosophische und kulturelle Auflösung unserer Zeit – die den menschlichen Intellekt auf die gegenständlich denkende, kurzsichtige Perspektive eines Wilden reduziert – die Literatur zu dem Zustand gebracht hat, wo man den Begriff von „abstrakter Universalität" nun für „statistische Mehrheit" hält. An Hugo mit einer solchen intellektuellen Ausrüstung und solch einem Kriterium heranzugehen, ist schlimmer als nutzlos. Hugo für die Tatsache zu kritisieren, dass seine Romane sich nicht mit den täglichen Allgemeinplätzen des Durchschnittsmenschen befassen, ist so, als kritisiere man einen Chirurgen für die Tatsache, dass er seine Zeit nicht mit dem Schälen von Kartoffeln zubringt. Hugo dafür zu kritisieren, dass seine Figuren „überlebensgroß" sind, ist so, als kritisiere man ein Flugzeug für die Tatsache, dass es fliegt.

Aber für die Leser, die nicht einsehen, warum die Art von Leuten, die sie „im wahren Leben" zu Tode langweilen oder abstoßen, ein Monopol auf literarische Figuren halten sollten, für jene Leser, die die „ernste" Literatur in Scharen verlassen und in Krimis den letzten Widerschein der Romantik suchen, ist Hugo der neue Kontinent, den zu entdecken sie sich gesehnt haben.

Dreiundneunzig (Quatrevingt-treize) ist Hugos letzter Roman und einer seiner besten. Er ist eine exzellente Einführung zu seinem Werk: Er stellt den Kern dessen dar, was einzigartig „hugoesk" ist.

Der Hintergrund des Romans ist die Französische Revolution. „Dreiundneunzig" steht für das Jahr 1793, das Jahr des Terrors und den Höhepunkt der Revolution. Die Geschichte spielt zur Zeit des Bürgerkrieges in der Vendée. Der von aus dem Exil zurückgekehrten Aristokraten geführte Aufstand der royalistischen Landbevölkerung sollte die Monarchie wieder einsetzen und wurde von beiden Seiten mit erbarmungsloser Brutalität geführt.

Viel Irrelevantes ist über diesen Roman gesagt und geschrieben worden. Zum Zeitpunkt seiner Veröffentlichung im Jahre 1894 wurde er weder von Hugos riesiger Anhängerschaft noch von Kritikern wohlmeinend aufgenommen. Die üblicherweise angeführte Erklärung von Literaturhistorikern lautet, dass die französische Öffentlichkeit keinen Roman mochte, der anscheinend die erste Revolution glorifizierte, als die Erinnerung an das gerade erst vergossene Blut und die Schrecken der Pariser Commune von 1871 noch frisch war. Zwei von Hugos Biographen schreiben Folgendes über den Roman: Matthew Josephson erwähnt ihn in *Victor Hugo* abfällig als „eine historische Romanze" mit „idealisierten Figuren"; André Maurois listet in *Olympio ou la Vie de Victor Hugo* Hugos persönliche Beziehungen mit dem Umfeld der Geschichte auf (wie die Tatsache, dass Hugos Vater auf republikanischer Seite in der Vendée gekämpft hat) und bemerkt dann: „Die Dialoge sind theatralisch. Aber die Französische Revolution war auch theatralisch und dramatisch. Ihre Helden waren von erhabener Haltung und bewahrten sie sich bis in den Tod hinein." (Was ein rein naturalistischer Erklärungsansatz oder -versuch ist.)

Tatsache ist, dass *Dreiundneunzig kein* Roman über die Französische Revolution ist.

Für einen Romantiker ist ein Hintergrund ein Hintergrund, kein Thema. Seine Vision richtet sich immer auf den Menschen – auf das Wesentliche seiner Natur, auf jene Probleme und Aspekte seines Charakters, die für jede Zeit und jedes Land gelten. Das Thema von *Dreiundneunzig* – das in unerwarteten Variationen in allen Schlüsselereignissen der Geschichte brillant ausgespielt wird, das die Antriebskraft aller Figuren und Ereignisse ist und in eine unausweichliche Abfolge zu einem großartigen Höhepunkt integriert wird – lautet: *die Treue des Menschen zu seinen Werten.*

Wenn man dieses Thema dramatisieren will, wenn man diesen Aspekt der menschlichen Seele isolieren, ihn in seiner reinsten Form zeigen und unter dem Druck tödlicher Konflikte auf die Probe stellen will, dann ist eine Revolution ein geeigneter Hintergrund. Hugos Geschichte soll kein Mittel sein, die Französische Revolution darzustellen; die Französische Revolution ist ein Mittel, diese Geschichte darzustellen.

Was uns hier beschäftigt, ist kein spezifischer Wertekanon, sondern die umfassendere Abstraktion: die Treue des Menschen zu seinen Werten, wie auch immer sie aussehen mögen. Auch wenn Hugos persönliche Sympathien auf Seiten der Republikaner sind, präsentiert er seine Figuren mit unpersönlicher Distanziertheit, oder vielmehr mit einer unparteiischen Bewunderung für beide Seiten des Konflikts. In geistiger Größe, unnachgiebiger Integrität, unverzagtem Mut und rücksichtsloser Hingabe an seine Sache steht der alte Marquis de Lantenac, der Führer der Royalisten, Cimourdain, dem Ex-Priester und Führer der Republikaner, in Nichts nach. (Und vielleicht ist Lantenac hinsichtlich der Farbigkeit und Kraft seiner Charakterisierung Cimourdain noch überlegen.) Hugos Sympathie für die fröhliche, ausgelassene Überschwänglichkeit der republikanischen Soldaten wird ausgeglichen von seiner Sympathie für die entschlossene, verzweifelte Halsstarrigkeit der royalistischen Bauern. Seine Gewichtung lautet nicht: „Für welche großen Werte kämpfen Menschen!“, sondern: „Zu welcher Größe sind Menschen fähig, wenn sie für ihre Werte kämpfen!“

Hugos unerschöpfliche Phantasie und Virtuosität zeigt sich am deutlichsten in einem Aspekt der extrem schwierigen Aufgabe eines Romanciers: der Integration eines abstrakten Themas in die Handlung einer Geschichte. Während die Ereignisse in *Dreiundneunzig* ein mitreißender Strom sind, der von der unausweichlichen Logik einer Handlungsstruktur vorgegeben wird, findet sich das Thema in jedem Ereignis – und jedes Ereignis ist ein Beispiel für den ungestümen, gequälten und doch siegreichen Einsatz eines Menschen für seine Werte. Dies ist die unsichtbare Kette, die Folge der Handlungsschiene, die Szenen vereint wie: die zerlumpte, schmutzige junge Mutter, die auf der Suche nach ihren Kindern, die sie im Chaos des Bürgerkriegs verloren hat, blindlings und wild entschlossen durch brennende Dörfer und über verwüstete Felder zieht – der Bettler, der in einer Höhle unter den Wurzeln eines Baumes seinen früheren Feudalherren beherbergt – den ärmlichen Seemann, der weiß, dass er für wenige Stunden in einem Ruderboot im Dunkel der

Nacht das Schicksal der Monarchie in der Hand hält und eine Entscheidung treffen muss – die hochgewachsene, stolze Gestalt eines Mannes in Bauernkleidern mit der Haltung eines Aristokraten, der vom Grund einer Schlucht den fernen Widerschein eines Feuers sieht und plötzlich vor einer furchtbaren Alternative steht – der junge Revolutionär, der in der Dunkelheit vor einem zerstörten Turm auf und ab geht, zerrissen zwischen dem Verrat an der Sache, der er sein ganzes Leben lang gedient hat, und der Stimme einer höheren Sache – die weißgesichtige Gestalt eines Mannes, der sich erhebt, um das Urteil des Revolutionstribunals zu verkünden, während die Menge in absoluter Stille verharrt, um mitanzuhören, ob er den einzigen Mann, den er je geliebt hat, verschonen oder zum Tode verurteilen wird.

Das großartigste Beispiel für die Kraft dramatischer Integration ist eine unvergessliche Szene, die nur Hugo schreiben konnte, eine Szene, in der die quälende Intensität und Spannung einer komplexen Entwicklung durch zwei kurze Sätze einer Unterhaltung aufgelöst und übertroffen wird: „Je t'arrete." – „Je t'approuve." („Ich verhafte dich." – „Ich verstehe dich.") Der Leser wird diese Zeilen in ihrem vollen Zusammenhang lesen und entdecken müssen, wer sie sagt und welche enorme psychologische Bedeutung und Erhabenheit der Autor in ihnen zum Ausdruck bringt.

„Erhabenheit" ist das eine Wort, welches das Leitmotiv von *Dreiundneunzig* und aller Romane von Hugo ausdrückt – und auch sein Lebensgefühl. Und der vielleicht tragischste Konflikt findet sich nicht in seinen Romanen, sondern im Autor selbst. Trotz eines so prachtvollen Menschen- und Weltbildes hat Hugo niemals entdeckt, wie man es in der Realität umsetzt. Er bekannte sich zu einem Glauben, der seinem unterbewussten Ideal widersprach und dessen Umsetzung in der Realität unmöglich machte.

Er übersetzte sein Lebensgefühl nie begrifflich; er fragte sich nicht, welche Ideen, Prämissen oder psychologischen Bedingungen notwendig sind, damit Menschen die geistige Größe seiner Helden erreichen können. Seine Einstellung zum Intellekt war hochgradig zweideutig. Es ist, als ob Hugo der Künstler Hugo den Denker überwältigt hätte; als ob ein großer Geist nie einen Unterschied zwischen den Prozessen des künstlerischen Schaffens und der rationalen Erkenntnis gezogen hätte (zwei verschiedenen Methoden, sein Bewusstsein zu benutzen, die sich nicht widersprechen, aber nicht identisch sind); als ob sein Denken in seiner Arbeit und seinem eigenen Leben aus Bildern bestünde; als ob er in Metaphern und nicht in Begriffen dächte, in Metaphern, die für enorme emotionale Komplexitäten, für überstürzte Symbole und bloße Annäherungen stehen. Es ist, als ob die umfassenden emotionalen Abstraktionen, die er als Künstler behandelte, ihn zu ungeduldig gemacht hätten für die Aufgabe, das, was er mehr *fühlte* als wusste, streng zu definieren und zu identifizieren – und so griff er nach allen Theorien, die seine Werte *andeuten* statt zu *bedeuten.*

Gegen Ende von *Dreiundneunzig* bietet der Künstler Hugo seinen Figuren zwei überragend dramatische Gelegenheiten, die intellektuellen Gründe für ihre Standpunkte zu erklären: einmal eine Szene zwischen Lantenac und Gauvain, in der der alte Royalist den jungen Revolutionär durch eine leidenschaftliche Verteidigung der Monarchie herausfordern sollte; zum anderen eine Szene zwischen Cimourdain und Gauvain, in der sie einander als Sprecher der zwei unterschiedlichen Aspekte des revolutionären Geistes gegenüberstehen sollten. Ich sage „sollten“, weil Hugo der Denker es nicht leisten konnte; die Reden drücken keine Ideen aus, sondern bestehen nur aus Rhetorik, Metaphern und Generalisierungen. Sein Feuer, seine Eloquenz und seine emotionale Kraft schienen ihn zu verlassen, wenn er es mit theoretischen Fragen zu tun bekam.

Hugo der Denker war archetypisch für die Tugenden und die fatalen Irrtümer des 19. Jahrhunderts. Er glaubte an einen grenzenlosen, *automatischen* menschlichen Fortschritt. Er glaubte, dass Unwissenheit und Armut die einzigen Ursachen für das Böse im Menschen seien. Mit seiner enormen, zusammenhanglosen Gutmütigkeit war er begierig darauf, jede Form von menschlichem Leid abzuschaffen, und proklamierte Ziele, ohne an die Mittel zu denken: Er wollte die Armut abschaffen, ohne etwas über den Ursprung von Reichtum zu wissen; er wollte, dass der Mensch frei ist, ohne zu wissen, was notwendig ist, um politische Freiheit zu bewahren; er wollte universelle Brüderlichkeit erreichen, ohne zu wissen, dass Gewalt und Terror sie nicht erreichen werden. Er hielt die Vernunft für selbstverständlich und sah nicht den katastrophalen Widerspruch des Versuchs, sie mit Glauben zu kombinieren – auch wenn *seine* bestimmte Form des Mystizismus nicht die erbärmliche orientalische Version war, sondern näher an den stolzen Legenden der Griechen lag, und sein Gott ein Symbol der menschlichen Vollkommenheit war, den er mit einem gewissen hochmütigen Selbstvertrauen fast wie einen persönlichen Freund anbetete.

Die Theorien, mit denen Hugo der Denker das umzusetzen suchte, gehören nicht in das Universum, das Hugo der Künstler geschaffen hat. Wenn sie in die Praxis umgesetzt werden, erreichen sie das Gegenteil der Werte, die er nur als Lebensgefühl kannte. Hugo der Künstler bezahlte für diesen tödlichen Widerspruch. Selbst wenn kein anderer Künstler je ein so freudiges Universum wie seins dargestellt hatte, liegt ein trister Hauch des Tragischen über allem. Die meisten seiner Romane enden tragisch – als ob er unfähig gewesen wäre, die Form zu konkretisieren, in der seine Helden auf der Erde triumphieren könnten, und er sie im Kampf hat sterben lassen müssen, mit einer ungebrochenen geistigen Integrität als einziger Erklärung ihrer Treue zum Leben; als ob für ihn die Erde und nicht der Himmel das Ziel einer Sehnsucht wäre, die er nie hatte erreichen können.

So sah das Wesen seines Konflikts aus: In seinen bewussten Überzeugungen ein geschworener Mystiker, der leidenschaftlich in diese Erde verliebt war; ein erklärter Altruist, der nicht menschliches Leid, Schwäche oder Bösartigkeit verehrte, sondern menschliche Größe; ein erklärter Vertreter des Sozialismus, der ein unnachgiebiger Individualist war; ein erklärter Vorkämpfer der Lehre, dass Gefühle der Vernunft überlegen seien, der die Erhabenheit seiner Figuren erreichte, indem er sie herrlich bewusst, völlig klar über ihre Motive und Wünsche und völlig konzentriert auf die Realität sein und sie dementsprechend handeln ließ – angefangen von der Bauernmutter in *Dreiundneunzig* bis zu Jean Valjean in *Die Elenden*. Und das ist das Geheimnis ihrer bezeichnenden Reinheit, durch die ein Bettler die Größe eines Riesen bekommt: diese Abwesenheit von blinder Irrationalität und stümperhafter Ziellosigkeit; das ist das Aushängeschild von Hugos Figuren und auch von menschlicher Selbstachtung.

Auf welcher politisch-philosophischen Seite steht Victor Hugo? Es ist kein Zufall, dass er in unserer Zeit, in einer von altruistischem Kollektivismus beherrschten Kultur, von jenen geschmäht wird, deren vermeintliche Ideale er angeblich geteilt hat.

Ich entdeckte Victor Hugo als ich 13 Jahre alt war, in der erdrückenden, dreckigen Hässlichkeit von Sowjetrussland. Man müsste auf irgendeinem verseuchten Planeten gelebt haben, um zu verstehen, was seine Romane und sein strahlendes Universum damals für mich bedeuteten und noch immer bedeuten. Und dass ich eine Einleitung zu einem seiner Romane schreiben darf, um ihn der amerikanischen Öffentlichkeit vorzustellen, hat für mich das Gefühl einer Dramatik, die er gemocht und verstanden hätte. Er half mir dabei, dass ich heute hier sein kann und Schriftstellerin bin. Wenn ich einem anderen jungen Leser dabei helfen kann, in seinem Werk das zu finden, was ich dort gefunden habe, wenn ich den Romanen von Victor Hugo einen Teil des Publikums bringen kann, das sie verdient haben, dann sehe ich es als Abzahlung einer unermesslichen Schuld an, die man weder berechnen noch zurückzahlen kann.

11. Mein Ziel als Schriftstellerin

Mein Motiv und mein Ziel als Schriftstellerin ist *die Darstellung eines idealen Menschen* – die Darstellung eines moralischen Ideals als Selbstzweck, zu dem alle in einem Roman enthaltenen didaktischen, intellektuellen oder philosophischen Werte nur die Mittel sind.

Lassen Sie mich das ausführen: Mein Ziel ist nicht die philosophische Aufklärung meiner Leser, nicht der vorteilhafte Einfluss, den meine Romane auf sie haben mögen, nicht die Tatsache, dass meine Romane ihrer intellektuellen Entwicklung helfen. All diese Fragen sind wichtig, aber sie sind sekundäre Gesichtspunkte, sie sind bloß Konsequenzen und Effekte, nicht erste Ursachen oder Antriebskraft. Mein Ziel und meine Antriebskraft ist die Darstellung von Howard Roark, John Galt, Hank Rearden oder Francisco d'Anconia als Selbstzweck – nicht als Mittel zu irgendeinem anderen Zweck. Was, nebenbei bemerkt, der größte Wert ist, dem ich je einem Leser bieten kann.

Darum habe ich sehr gemischte Gefühle – teils bin ich geduldig, teils amüsiert und manchmal ein wenig müde –, wenn man mich fragt, ob ich vorwiegend Schriftstellerin oder Philosophin bin (als ob dies Antonyme wären), ob meine Geschichten Propagandawerkzeuge für Ideen sind oder ob Politik oder das Eintreten für Kapitalismus mein Hauptziel ist. All solche Fragen sind so enorm irrelevant, so am Kern der Sache vorbei und so überhaupt nicht meine Herangehensweise.

Meine ist viel einfacher und gleichzeitig viel komplexer als das, von zwei verschiedenen Aspekten aus gesehen. Die einfache Wahrheit lautet, dass ich an Literatur herangehe wie ein Kind: Ich schreibe und lese um der Geschichte willen. Die Komplexität liegt in der Tatsache, diese kindliche Einstellung in eine erwachsene zu übersetzen.

Die spezifischen Einzelfälle, die *Formen* der eigenen Werte, ändern sich und wachsen mit der eigenen Entwicklung –

die Abstraktion *„Werte“* nicht. Die Werte eines Erwachsenen enthalten die gesamte Sphäre menschlicher Aktivitäten, einschließlich Philosophie – und zwar besonders Philosophie. Aber das Grundprinzip – die Funktion und die Bedeutung von Werten im menschlichen Leben und der Literatur – bleibt dieselbe.

Mein Test für jede Geschichte lautet: Möchte ich diese Figuren kennenlernen und diese Ereignisse im echten Leben sehen? Ist diese Geschichte eine Erfahrung, die es wert ist, gemacht zu werden? Ist das Vergnügen, diese Personen zu betrachten, ein Selbstzweck?

So einfach ist das. Aber diese Einfachheit enthält den Gesamtumfang des menschlichen Daseins.

Sie enthält Fragen wie: Welche Art von Menschen möchte ich im wirklichen Leben sehen und warum? Welche Ereignisse, d.h. welche menschlichen Handlungen, möchte ich erleben und warum? Welche Erfahrungen möchte ich machen, d.h. wie sehen meine Ziele aus und warum?

Es ist offensichtlich, zu welchem Wissensgebiet all diese Fragen gehören: zum Gebiet der *Ethik*. Was ist das Gute? Welche sind die richtigen Handlungen, die der Mensch ausführen sollte? Wie sehen die richtigen *Werte* für ihn aus?

Da mein Ziel die Darstellung eines idealen Menschen ist, musste ich die Bedingungen, die ihn möglich machen und die er zum Leben braucht, selbst definieren und darstellen. Da der Charakter eines Menschen das Produkt seiner Grundsätze ist, musste ich jene Grundsätze und Werte definieren und darstellen, die den Charakter eines idealen Menschen schaffen und seine Handlungen motivieren; d.h. ich musste einen rationalen Moralkodex definieren und darstellen. Da der Mensch mit anderen Menschen zu tun hat, musste ich das Gesellschaftssystem darstellen, das es einem idealen Menschen ermöglicht, zu existieren und zu agieren – ein freies, produktives, rationales System, das das Beste von *jedem* Menschen verlangt, sei er nun außergewöhnlich oder durchschnittlich, und das ist offensichtlich Laissez-Faire-Kapitalismus.

Aber weder Politik noch Ethik oder Philosophie sind ein Selbstzweck, weder im Leben noch in der Literatur. Nur der Mensch ist ein Selbstzweck.

Nun sehen Sie sich an, dass die Vertreter der literarischen Schule, die meiner diametral entgegengesetzt ist – der Schule des Naturalismus –, behaupten, dass ein Schriftsteller das reproduzieren müsse, was sie „wahres Leben“ nennen, und zwar wie es angeblich wirklich ist, und er keine Selektivität und keine Werturteile anwenden dürfe. Mit „reproduzieren“ meinen sie „fotografieren“; mit „wahrem Leben“ meinen sie die zufälligen Ereignisse, die sie mitansehen; mit „wie es ist“ meinen sie „wie die Leute in ihrer Umgebung es führen“. Aber beachten Sie, dass diese Naturalisten – oder die guten Autoren darunter – hinsichtlich zweier Merkmale der Literatur extrem selektiv sind: *Stil* und *Charakterisierung*. Ohne Selektivität wäre es vollkommen unmöglich, irgendeine Art von Charakterisierung zu erreichen, weder die eines ungewöhnlichen noch eines durchschnittlichen Menschen, der einem als statistisch typisch für ein großes Bevölkerungssegment angeboten wird. Daher sind die Naturalisten nur dann gegen Selektivität, wenn sie sich auf ein bestimmtes Merkmal der Literatur richtet: den Inhalt oder das Thema. Hinsichtlich seiner Themenauswahl dürfe der Romancier keinerlei Entscheidungen ausüben, so behaupten sie.

Warum nicht?

Die Naturalisten haben nie eine Antwort auf diese Frage gegeben – jedenfalls keine rationale, logische und widerspruchsfreie Antwort. Warum sollte ein Schriftsteller seine Themen unterschiedslos und wahllos abbilden? Weil sie „wirklich“ passiert sind? Das aufzuzeichnen, was wirklich passiert ist, ist die Aufgabe eines Reporters oder eines Historikers, nicht die eines Schriftstellers. Um die Leser aufzuklären und zu bilden? Das ist die Aufgabe der Wissenschaft, nicht der Literatur; der Sachliteratur, nicht der Erzählliteratur. Um das Los der Menschen zu erleichtern, indem man ihr Elend darlegt? Aber *das* ist ein Werturteil und ein moralisches Ziel und eine didaktische „Botschaft“ – was die naturalistische Lehre verbietet. Nebenbei muss man, um irgendetwas zu verbessern, wissen, was eine Verbesserung darstellt – und um das zu wissen, muss man wissen, was das Gute ist und wie man es erreicht – und um das zu wissen, muss man ein gesamtes System von Werturteilen, ein *ethisches* System, haben, was den Naturalisten ein Gräuel ist.

Somit läuft die naturalistische Position darauf hinaus, einem Romancier volle ästhetische Freiheit hinsichtlich der *Mittel* zu geben, aber nicht hinsichtlich der *Zwecke*. Er darf Entscheidungen treffen, kreative Phantasie und Werturteile hinsichtlich dessen ausüben, *wie* er etwas darstellt, aber nicht *was* er darstellt, hinsichtlich Stil oder Charakterisierung, aber nicht hinsichtlich des *Themas*. Der Mensch – das Thema der Literatur – dürfe nicht selektiv gesehen oder dargestellt werden. Der Mensch müsse als gegeben, als unveränderlich und nicht beurteilbar hingenommen werden. Aber da wir sehen, dass Menschen sich doch ändern, dass sie sich voneinander unterscheiden, dass sie nach verschiedenen Werten streben – wer soll dann diesen menschlichen Status Quo festlegen? Die implizite Antwort des Naturalismus lautet: jeder außer dem Schriftsteller.

Der Schriftsteller dürfe weder beurteilen noch wertschätzen. Er sei kein Schöpfer, sondern nur ein Diktiergerät, das vom Rest der Menschheit besprochen wird. Sollen andere doch Urteile aussprechen, Entscheidungen treffen, Ziele festlegen, um Werte kämpfen und den Kurs, das Schicksal und die Seele des Menschen bestimmen. Der Schriftsteller ist der einzige Ausgestoßene und Deserteur dieser Schlacht. Er soll nicht fragen, warum – er soll nur mit seinem Notizblock in der Hand hinter seinem Herren hertrotten und aufschreiben, was sein Herr diktiert, ob er nun Perlen oder Sauereien fallen lässt.

Was mich angeht, so habe ich zu viel Selbstachtung für eine solche Stellung.

Ich sehe den Schriftsteller als Mischung aus Goldgräber und Juwelier. Der Schriftsteller muss das Potential, die Goldmine der menschlichen Seele entdecken, das Gold schürfen und dann eine so prachtvolle Krone daraus schmieden, wie sein Talent und seine Vision erlauben.

So wie ehrgeizige Menschen sich auf der Suche nach materiellen Werten nicht durch Müllhalden wühlen, sondern sich auf der Suche nach Gold in abgelegene Berge schlagen, so sitzen ehrgeizige Menschen auf der Suche nach intellektuellen Werten nicht im Hinterhof herum, sondern suchen die edelsten, die reinsten und kostbarsten Elemente. Für mich wäre es nicht schön mitanzusehen, wie Benvenuto Cellini mit Förmchen spielt.

Die Selektivität in Bezug auf das Thema – die strengste, härteste, mitleidloseste Selektivität – ist für mich der wichtigste, wesentlichste und grundsätzlichste Aspekt der Kunst. In der Literatur bedeutet das: *die Geschichte*, d.h. die Handlung und die Figuren, d.h. die Menschen und Ereignisse, die ein Autor sich darzustellen entscheidet.

Das Thema ist nicht das einzige Merkmal der Kunst, aber es ist das wesentliche – der Zweck, zu dem alle anderen die Mittel sind. In den meisten ästhetischen Theorien wird der Zweck – das Thema – nicht betrachtet und nur die Mittel werden für ästhetisch relevant gehalten. Solche Theorien stellen eine falsche Dichotomie auf und behaupten, dass eine technisch genial portraitierte Schlampe besser sei als eine technisch amateurhaft portraitierte Göttin. Ich sage, dass *beide* eine ästhetische Beleidigung sind; aber während zweiteres nur ästhetisches Unvermögen ist, ist ersteres ein ästhetisches Verbrechen.

Es gibt keine Dichotomie, keinen zwangsläufigen Konflikt zwischen Mitteln und Zwecken. Der Zweck heiligt nicht die Mittel – weder in der Ethik noch in der Ästhetik. Und auch heiligen die Mittel nicht den Zweck: Es gibt keine ästhetische Rechtfertigung für das künstlerische Können eines Rembrandt, der es verwendet, um ein Stück Rindfleisch zu malen.

Dieses spezielle Bild mag als Symbol für alles dienen, was ich in der Kunst und in der Literatur ablehne. Schon im Alter von sieben Jahren konnte ich nicht verstehen, warum jemand gerne Bilder mit toten Fischen, Mülltonnen oder Bauernfrauen mit Dreifachkinn malen oder ansehen will. Heute verstehe ich die psychologischen Ursachen solcher ästhetischen Phänomene – und je mehr ich sie verstehe, desto mehr lehne ich sie ab.

In der Kunst und der Literatur müssen der Zweck und die Mittel (das Thema und der Stil) einander würdig sein.

Was im Leben nicht beachtenswert ist, ist nicht wert, in der Kunst neu erschaffen zu werden.

Elend, Krankheit, Katastrophen, das Böse und alle negativen Seiten des menschlichen Daseins sind gerechtfertigte Studienobjekte des Lebens, um sie zu verstehen und zu korrigieren – aber nicht geeignet zur *Betrachtung* um ihrer selbst willen. In der Kunst und der Literatur sind diese negativen Aspekte nur wiedererschaffenswert in Bezug zu etwas Positivem, als Gegenstück, als Kontrast, als Mittel zur Betonung des Positiven – aber *nicht* als Selbstzweck.

Die „mitfühlenden" Studien der Verkommenheit, die heute als Literatur durchgehen, sind die Sackgasse und der Grabstein des Naturalismus. Wenn ihre Verursacher immer noch die Rechtfertigung anführen, dass diese Dinge „wahr" sind (was sie meistens nicht sind), dann lautet die Antwort darauf, dass diese Art von Wahrheit in psychologische Fallstudien und nicht in die Literatur gehört. Das Bild eines infizierten, durchgebrochenen Blinddarms kann in einem Medizinlehrbuch von großem Wert sein, aber es gehört nicht in eine Galerie. Und eine infizierte Seele ist ein noch viel abstoßenderer Anblick.

Dass man sich wünscht, den Anblick von *Werten*, des *Guten* – menschliche Größe, Intelligenz, Können, Tugend, Heroismus – zu genießen, erklärt sich von selbst. Die Betrachtung des *Bösen* erfordert Erklärung und Rechtfertigung; gleiches gilt für die Betrachtung des Mittelmäßigen, des Gewöhnlichen, des Alltäglichen, des Bedeutungslosen und des Hirnlosen.

Im Alter von sieben Jahren weigerte ich mich, das Kinder-Äquivalent naturalistischer Literatur zu lesen – die Geschichten über die Kinder der Leute von nebenan. Sie langweilten mich zu Tode. Ich interessierte mich im wahren Leben nicht für solche Leute und sah keinen Grund, sie in der Literatur interessant zu finden.

Das ist auch heute noch meine Meinung; der einzige Unterschied ist, dass ich heute den vollen philosophischen Grund dafür kenne.

Was literarische Schulen angeht, so würde ich mich einen romantischen Realisten nennen.

Sehen Sie sich die Tatsache an, dass die Naturalisten romantische Kunst eine „Flucht" nennen. Fragen Sie sich, welche Art von Metaphysik, welches Weltbild diese Bezeichnung eingesteht. Eine Flucht – wovor? Wenn die Darstellung von Wertzielen – die Darstellung einer Verbesserung des Gegebenen, des Bekannten, des unmittelbar Vorhandenen – eine „Flucht" ist, dann ist Medizin eine „Flucht" vor Krankheit, Landwirtschaft eine „Flucht" vor Hunger, Wissen eine „Flucht" vor Dummheit, Ehrgeiz eine „Flucht" vor Faulheit und Leben eine „Flucht" vor dem Tod. Wenn dem so ist, dann ist ein knallharter Realist ein ungewaschener Unmensch, der bewegungslos in einem Dreckloch sitzt, sich einen Schweinestall ansieht und jammert: „So ist das Leben". Wenn *das* Realismus ist, dann bin ich realitätsfern. Genau wie Aristoteles. Genau wie Christoph Columbus.

Es gibt einen Abschnitt in *Der Ursprung*, der diese Frage behandelt: der Abschnitt, in dem Howard Roark Steven Mallory erklärt, warum er ihn ausgewählt hat, um eine Statue für den Stoddard-Tempel zu machen. In diesem Abschnitt benannte ich bewusst und absichtlich das wesentliche Ziel meiner eigenen Arbeit als eine Art kleines, persönliches Manifest: „Ich halte Sie für den besten Bildhauer, den wir haben. Und zwar deshalb, weil Ihre Skulpturen nicht sind, wie die Menschen sind, sondern wie sie sein könnten – und sein sollten. Weil Sie über das Wahrscheinliche hinausgehen und uns zeigen, was möglich ist, doch nur durch Sie möglich ist. Weil Ihre Skulpturen weniger Verachtung für die Menschheit zeigen als alle, die ich je gesehen habe. Weil Sie dem Menschen ungeheuren Respekt entgegenbringen. Weil Ihre Skulpturen das Heroische im Menschen wiedergeben."

Heute, mehr als 20 Jahre später, würde ich zwei kleine Punkte ändern, oder vielmehr klarstellen wollen. Zuerst sind die

Worte „weniger Verachtung für die Menschheit“ grammatikalisch nicht völlig exakt; was ich vermitteln wollte war *„unberührt“* von Verachtung für die Menschheit, während die Arbeit anderer davon teilweise berührt worden war. Zweitens sollen die Worte „nur durch Sie möglich“ nicht bedeuten, dass Mallorys Skulpturen in der Wirklichkeit metaphysisch unmöglich sind; ich meinte, dass sie nur möglich sind, weil *er* gezeigt hat, wie man sie möglich macht.

„Weil Ihre Skulpturen nicht sind, wie die Menschen sind, sondern wie sie sein könnten – und sein sollten.“

Diese Zeile wird deutlich machen, wessen großes philosophisches Prinzip ich übernommen und gesucht hatte, lange bevor ich den Namen „Aristoteles“ je gehört hatte. Aristoteles hat gesagt, dass Literatur von größerer philosophischer Wichtigkeit sei als Geschichte, weil Geschichte Dinge nur darstellt, wie sie sind, während Literatur sie darstellt „wie sind sein könnten und sein sollten.“

Warum muss Literatur Dinge darstellen „wie sie sein könnten und sein sollten“?

Meine Antwort steckt in einer Aussage aus *Der Streik* und in den Implikationen dieser Aussage: „Der Mensch [muss] seine Seele ebenso wie seinen Reichtum aus eigener Kraft erschaffen“.

So wie das physische Überleben des Menschen von seiner eigenen Anstrengung abhängt, so auch sein psychologisches Überleben. Der Mensch sieht sich zwei voneinander abhängigen Handlungsbereichen gegenüber, in denen ihm die ständige Ausübung seines Urteilsvermögens und ein ständiger kreativer Prozess abverlangt werden: seine Umwelt und seine eigene Seele (mit „Seele“ meine ich sein Bewusstsein). So wie er die materiellen Werte zur Erhaltung seines Lebens produzieren muss, so muss er die Charakterwerte erlangen, die es ihm möglich machen, es zu erhalten und es lebenswert machen. Er wird geboren, ohne etwas darüber zu wissen. Er muss beides entdecken, in die Wirklichkeit übertragen und überleben, indem er sich selbst und seine Umwelt nach dem Bilde seiner Werte formt.

Ausgehend von einer gemeinsamen Wurzel (der Philosophie) verzweigt sich das menschliche Wissen in zwei Richtungen. Der eine Zweig studiert die physische Welt oder die Phänomene, die für das physische Sein gelten; der andere studiert den Menschen oder die Phänomene, die für sein Bewusstsein gelten. Der erste führt zu abstrakter Wissenschaft, was zu angewandter Wissenschaft und damit zur Technologie führt – zur eigentlichen Produktion materieller Werte. Der zweite führt zur Kunst.

Kunst ist die Technologie der Seele.

Kunst ist das Produkt dreier philosophischer Disziplinen: Metaphysik, Erkenntnistheorie und Ethik. Metaphysik und Erkenntnistheorie sind die abstrakte Basis für Ethik. Ethik ist die angewandte Wissenschaft, die einen Wertekanon definiert, um menschliche Entscheidungen und Handlungen zu leiten – die Entscheidungen und Handlungen, die den Kurs seines Lebens bestimmen; Ethik ist das Konstruktionswesen, das die Prinzipien und Blaupausen herstellt. Die Kunst erschafft das Endprodukt. Sie baut das Modell.

Lassen Sie mich diese Analogie ausführen: Kunst lehrt nicht – sie zeigt die volle, konkretisierte Wirklichkeit des Endziels. Lehren ist die Aufgabe der Ethik. Lehren ist so wenig der Zweck eines Kunstwerks wie der eines Flugzeugs. So wie man eine Menge über ein Flugzeug lernen kann, wenn man es studiert oder es auseinandernimmt, so kann man eine Menge aus einem Kunstwerk lernen – über das Wesen des Menschen, seine Seele und sein Dasein. Aber dies sind nur Zulagen. Der Hauptzweck eines Flugzeugs besteht nicht darin, einem *beizubringen*, wie man fliegt, sondern im eigentlichen Erlebnis, dass man fliegt. Genau wie der Hauptzweck eines Kunstwerks.

Obwohl die Darstellung von Dingen „wie sie sein könnten und sein sollten“ dem Menschen hilft, diese Dinge im wahren Leben zu erreichen, ist dies nur ein sekundärer Wert. Der *primäre* Wert besteht darin, dass sie ihm das Erlebnis bietet, in einer Welt zu leben, wo Dinge sind, *wie sie sein sollten*. Dieses Erlebnis ist für ihn lebenswichtig: Es ist sein psychologischer Rettungsring.

Da der Ehrgeiz des Menschen unbegrenzt ist, da sein Streben nach und das Erlangen von Werten ein lebenslanger Prozess ist (und je höher die Werte sind, umso härter ist der Kampf), braucht der Mensch einen Moment, eine Stunde oder eine Zeitspanne, in der er das Gefühl seiner vollendeten Aufgabe spüren kann, das Gefühl, in einem Universum zu leben, wo seine Werte erfolgreich erlangt wurden. Dies ist ein Moment des Ausruhens, ein Moment des Auftankens, um weiterzumachen. Die Kunst versorgt ihn mit diesem Treibstoff. Die Kunst gibt ihm das Erlebnis, die volle, unmittelbare, konkrete Wirklichkeit seiner entferntesten Ziele zu sehen.

Wichtig an dieser Erfahrung ist nicht, *was* der Mensch daraus lernt, sondern *dass* er sie macht. Der Treibstoff ist kein theoretisches Prinzip, keine didaktische „Botschaft", sondern die lebensspendende Tatsache, einen Moment *metaphysischer* Freude erfahren zu haben – einen Moment der Liebe zum Leben.

Ein bestimmter Mensch kann sich entscheiden, vorwärts zu gehen, die Bedeutung dieses Erlebnisses in den eigentlichen Weg seines eigenen Lebens zu übersetzen; oder er schafft es vielleicht nicht, dem gerecht zu werden, und verbringt den Rest seines Lebens damit, es zu verraten. Wie auch immer: Das Kunstwerk bleibt intakt, eine in sich vollständige Entität, eine wahr gewordene, unerschütterliche Tatsache der Realität – wie ein Leuchtturm über dem dunklen Kreuzweg der Welt, der sagt: „*Das* ist möglich."

Egal wie seine Konsequenzen aussehen, ist dieses Erlebnis keine Zwischenstation, an der man vorbeifährt, sondern ein Halt, ein Wert an sich. Es ist ein Erlebnis, über das man sagen kann: „Ich bin froh, dass ich das in meinem Leben erreicht habe." In der modernen Welt gibt es nicht viele solche Erlebnisse.

Ich habe viele Romane gelesen, von denen mir nichts im Gedächtnis geblieben ist außer dem trockenen Rascheln von Fetzen, die längst verweht wurden. Aber die Romane von Victor Hugo und einige wenige andere waren für mich ein unwiederholbares Erlebnis, ein Leuchtturm, dessen brillante Funken so lebendig wie eh und je sind.

Dieser Aspekt von Kunst ist schwer zu vermitteln, da er dem Betrachter oder Leser einiges abverlangt, aber ich glaube, dass viele von Ihnen mich introspektiv verstehen werden.

Es gibt eine Szene in *Der Ursprung*, die dieses Thema direkt ausdrückt. Ich war in gewisser Weise beide Figuren in dieser Szene, aber ich habe sie primär vom Gesichtspunkt meiner selbst als Konsument und nicht als Produzent von Kunst geschrieben; sie basiert auf meiner eigenen verzweifelten Sehnsucht nach dem Anblick menschlicher Leistungen. Für mich war die emotionale Bedeutung dieser Szene vollständig persönlich, fast subjektiv – und ich habe nicht erwartet, dass sie irgendjemand teilt. Aber diese Szene stellte sich heraus als eine, die die Leser von *Der Ursprung* am meisten verstanden und erwähnten. Es ist die Eingangsszene von Teil IV mit Howard Roark und dem Jungen auf dem Fahrrad.

Der Junge dachte, „dass das menschliche Schaffen eine höhere Stufe sein müsste, eine Veredelung der Natur, keine Verhunzung. Er wollte die Menschen nicht verachten. Er wollte sie lieben und bewundern. Doch es graute ihm schon vor den ersten Häusern, Spielsalons und Kinoplakaten, an denen er auf seinem Weg vorbeikommen würde. Er hatte immer komponieren wollen; und er konnte das, was er suchte, nicht anders benennen… Die Menschen haben es weder in Worten, noch in Taten, noch in Gedanken ausdrücken können, aber in Musik. Ich möchte genau das in einer einzigen menschlichen Tat auf der Erde sehen. Ich möchte es in der Wirklichkeit sehen. Ich möchte die Verheißung dieser Musik erfüllt sehen. Ohne Knechtschaft und ohne Herrschaft, ohne Altäre und Opfer, nur das Endgültige, die Erfüllung, ohne jeglichen Schmerz. Ich brauche weder Helfer noch Diener, aber ich möchte es einmal sehen, weil ich es brauche. Arbeitet nicht für mein Glück, meine Brüder, aber zeigt mir eures, zeigt mir, dass es möglich ist, zeigt mir eure Leistungen, und das Wissen darum wird mir den Mut für meine geben."

Das bedeutet Kunst für das menschliche Leben.

Von dieser Perspektive aus möchte ich Sie bitten, sich anzusehen, was Naturalismus bedeutet – die Lehre, die den Menschen nur noch den Anblick von Slums, Spielsalons und Kinoplakaten gestatten will, und allem, was noch viel, viel weiter unten kommt.

Die Naturalisten halten die romantische oder wertorientierte Lebenseinstellung für „oberflächlich“, und die Einstellung, die sich bis zum Boden der nächsten Mülltonne erstreckt, für „tiefsinnig“.

Für sie sind Rationalität, Ziele und Werte naiv, während Ausgereiftheit für sie daraus besteht, den eigenen Verstand über Bord zu werfen, Ziele abzulehnen, auf Werte zu verzichten und schmutzige Worte auf Wände und Bürgersteige zu kritzeln.

Einen Berg zu erklimmen, ist für sie einfach, aber sich in der Gosse zu aalen, ist für sie eine bemerkenswerte Leistung.

Wer den Anblick von Schönheit und Größe sucht, dessen Motiv sei Angst, behaupten sie – sie, die Verkörperungen von chronischer *Angst* –, Mut braucht hingegen der, der in der Jauchegrube fischt.

Sie behaupten selbstgerecht und stolz, die menschliche Seele sei eine Kloake.

Tja, sie müssen's ja wissen.

Es ist ein bezeichnender Kommentar über den gegenwärtigen Zustand unserer Kultur, dass ich gehasst, verleumdet und angeprangert werde, weil ich buchstäblich die einzige berühmte Schriftstellerin bin, die erklärt hat, dass ihre Seele keine Kloake ist – und auch nicht die Seele ihrer Figuren und des Menschen an sich.

Mein Motiv und mein Ziel als Schriftstellerin kann man am besten zusammenfassen, wenn man sagt, dass eine Widmung für mein Gesamtwerk lauten müsste: Gewidmet der Herrlichkeit des Menschen.

Und wenn mich jemand fragen sollte, was ich über die Herrlichkeit des Menschen gesagt habe, werde ich ihm so antworten, wie Howard Roark es getan hat. Ich werde ein Exemplar von *Der Streik* hochhalten und sagen: „Die Beklagte schließt.“

(Oktober-November 1963)

12. Die einfachste Sache der Welt

Eine Kurzgeschichte

(Diese Geschichte stammt aus dem Jahre 1940. Sie wurde erst in der November-Ausgabe 1967 von The Objectivist veröffentlicht.

Diese Geschichte illustriert das Wesen des schöpferischen Prozesses – die Art und Weise, in der das Lebensgefühl eines Künstlers die integrierenden Funktionen seines Unterbewusstseins lenkt und seine kreative Phantasie kontrolliert.)

Henry Dorn saß an seinem Schreibtisch und schaute auf ein leeres Blatt Papier. Starr vor Panik sagte er sich: Das wird die einfachste Sache der Welt.

Sei einfach dumm, sagte er sich. Das ist alles. Entspann dich und sei so dumm wie möglich. Ist doch leicht. Wovor hast du Angst, du verdammter Idiot? Du glaubst nicht, dass du dumm sein kannst, ja? Du bist eingebildet, sagte er sich ärgerlich. Das ist das Problem mit dir. Du bist verdammt eingebildet. Du kannst also nicht dumm sein, was? Das ist ganz schön dumm. In dieser Sache warst du dein ganzes Leben lang dumm. Warum kannst du nicht auf Befehl dumm sein?

Ich fange in einer Minute an, sagte er. Noch eine Minute, dann fange ich an. Dieses Mal bestimmt. Ich mache noch eine Minute Pause, ist doch in Ordnung, oder? Ich bin so müde. Du hast heute noch nichts gemacht, sagte er. Du hast seit Monaten nichts gemacht. Wovon bist du müde? Darum bin ich ja müde – weil ich nichts gemacht habe. Ich wünschte, ich könnte … Was gäbe ich dafür, wenn ich wieder … Hör auf. Hör sofort damit auf. Genau daran darfst du nicht denken. Du musst gleich anfangen und bist fast soweit. Wenn du daran denkst, wird es nichts.

Nicht hinsehen. Nicht hinsehen. Nicht … Er hatte sich bereits umgedreht. Er schaute auf ein dickes Buch in einem abgegriffenen blauen Schutzumschlag, das unter alten Zeitschriften im Regal lag. Auf seinem Rücken konnte er weiße Buchstaben entziffern, die sich mit dem verblichenen Blau vermengten: *Triumph* von Henry Dorn.

Er stand auf und versteckte das Buch unter den Zeitschriften. Es ist besser, wenn du es währenddessen nicht siehst, sagte er. Nein. Es ist besser, wenn es *dich* währenddessen nicht sieht. Du bist ein sentimentaler Idiot, sagte er.

Es war kein gutes Buch. Woher weißt du, dass es kein gutes Buch ist? Nein, das klappt nicht. Na gut, es *ist* ein gutes Buch. Es ist ein tolles Buch. Dagegen kannst du nichts machen. Es wäre einfacher, wenn man es könnte. Es wäre viel einfacher, wenn du selbst glauben würdest, es sei ein lausiges Buch und dass es genau das verdient hat, was damit geschehen ist. Dann könntest du den Leuten direkt ins Gesicht sehen und ein besseres schreiben. Aber das glaubst du nicht. Und du hast dich so sehr angestrengt, es zu glauben. Tust du aber nicht.

Na gut, sagte er. Hör auf damit. Das geht jetzt schon seit zwei Jahren immer und immer wieder so. Hör endlich auf. Nicht jetzt … Die schlechten Kritiken waren mir egal. Die guten aber nicht. Besonders die von Fleurette Lumm, die meinte, es sei das beste Buch, das sie je gelesen hätte – weil es eine so anrührende Liebesgeschichte hätte.

Er hatte noch gar nicht gewusst, dass sein Buch eine Liebesgeschichte hatte und dass sie auch noch anrührend war. Und die Dinge, die wirklich drinstanden, in seinem Buch, über die er fünf Jahre nachgedacht und geschrieben hatte, so sorgsam und penibel wie er nur konnte – diese Dinge hatte Fleurette Lumm überhaupt nicht erwähnt. Zuerst hatte er nach der Lektüre der Kritiken geglaubt, dass diese Dinge in seinem Buch gar nicht vorkämen; das hatte er sich eingebildet oder die Druckerei hatte sie ausgelassen – aber das Buch schien sehr dick zu sein, und wenn die Druckerei sie ausgelassen hatte, was stand dann auf all den Seiten? Und es war wohl nicht möglich, dass er das Buch nicht auf Englisch geschrieben hatte und dass so viele kluge Köpfe Englisch nicht lesen konnten und dass er verrückt war.

Also las er sein Buch sehr aufmerksam wieder und wieder und war glücklich, wenn er einen schlechten Satz oder einen vermasselten Abschnitt ausfindig machte oder einen Gedanken, der unklar war. Er sagte, sie haben recht, es steht nicht da, es ist überhaupt nicht klar, sie mussten es übersehen und man kann als Mensch auf der Erde leben. Aber nachdem er sein Buch zu Ende gelesen hatte, wusste er, dass es *doch* da war, dass es klar und schön und sehr wichtig war und dass er es nicht besser hätte machen können – und dass er die Antwort nie verstehen würde. Dass er sie besser nicht verstehen sollte, wenn ihm sein Leben lieb war.

Na gut, sagte er. Das reicht jetzt langsam, oder? Die Minute ist jetzt vorbei. Und du wolltest anfangen.

Die Tür stand offen, und er schaute ins Schlafzimmer. Kitty saß dort am Tisch und legte Patiencen. Ihrem Gesicht konnte man wirklich abnehmen, dass alles in Ordnung war. Ihr Mund war so schön. Der Mund sagte so vieles über die Menschen aus. Ihrer sah aus, als ob sie die Welt anlächeln wollte – und wenn sie es nicht tat, war es ihre eigene Schuld und sie würde es gleich nachholen, weil mit ihr alles in Ordnung war und auch mit der Welt. Im Lampenlicht sah ihr Hals weiß und sehr dünn aus, wie er sich so aufmerksam über die Karten beugte. Patiencen legen kostet kein Geld. Er hörte die leisen Geräusche der Karten auf dem Tisch und den Rauch im Kamin.

Es klingelte, und Kitty kam schnell herein um zu öffnen, ohne ihn anzusehen. Ihr Körper war straff und entschlossen unter dem kindlichen, weit ausgestellten Kleid, einem sehr schönen Kleid, außer dass es schon zwei Jahre alt und eigentlich ein Sommerkleid war. Er hätte die Tür selbst öffnen können, aber er wusste, warum sie es tun wollte.

Er stand mit weit ausgestellten Füßen und eingezogenem Bauch da, ohne auf die Tür zu schauen und hörte zu. Er hörte eine Stimme und dann Kitty, die sagte: „Nein, tut mir leid, wir brauchen wirklich keinen Electrolux.“ Kittys Stimme klang fast erlöst; als ob sie sich nicht zu dumm anhören wollte; als ob sie den Electrolux-Mann liebte und sie sich wünschte, sie könne ihn hereinbitten. Er wusste, warum Kittys Stimme so klang. Sie hatte gedacht, es sei der Vermieter.

Kitty schloss die Tür und sah ihn an, durchquerte das Zimmer und lächelte beinahe so, als sei sie dankbar, sich für ihre eigene Existenz demütig entschuldigen zu dürfen. Sie sagte: „Ich möchte dich nicht unterbrechen, Liebster“, und ging zurück zu ihrer Patience.

Du musst nur an Fleurette Lumm denken und dir vorstellen, was sie mag, sagte er sich. Stell dir das vor und schreib es auf. Mehr nicht. Dann hast du eine gute Geschichte, die sich verkaufen lässt und einen Haufen Geld. Das ist die einfachste Sache der Welt.

Es kann nicht sein, dass nur du Recht hast und alle anderen Unrecht, sagte er. Alle haben gesagt, dass du genau das machen musst. Du hast nach Arbeit gefragt, aber keiner hatte eine. Keiner hat dir geholfen, eine zu finden. Keiner schien auch nur Interesse daran zu haben. Ein begabter junger Mann wie du, hatten sie gesagt. Sieh dir Paul Pattison an, hatten sie gesagt. 80.000 im Jahr und nicht halb so schlau wie du. Aber Paul weiß, was das Publikum lesen will und gibt es ihnen. Wenn du nur aufhören würdest, so stur zu sein, hatten sie gesagt. Du musst ja nicht dauernd so intellektuell sein. Warum nicht mal praktisch sein? Nachdem du deine ersten 50.000 Dollar gemacht hast, kannst du es ruhig angehen lassen und diese hohe Literatur schreiben, die sich nicht verkaufen lässt. Warum deine Zeit mit einer anderen Arbeit verschwenden? Was kannst du denn? Wenn du 25 die Woche bekommst, hast du noch Glück, hatten sie gesagt. Das ist idiotisch, wo du so ein großes Talent mit Worten hast, wie du weißt, wenn du nur vernünftig sein könntest. Das sollte für dich kein Problem sein. Wenn du kompliziertes, hochtrabendes Zeug schreiben kannst, muss es doch ein Kinderspiel für dich sein, ein oder zwei Kracher zu schreiben. Das kann jeder Idiot. Hör auf, dich selbst zu dramatisieren, hatten sie gesagt. Macht dir das Spaß, ein Märtyrer zu sein? Guck dir deine Frau an, hatten sie gesagt. Wenn Paul Pattison das kann, warum nicht auch du?

Denk an Fleurette Lumm, sagte er sich selbst an seinem Schreibtisch. Du meinst, du kannst sie nicht verstehen. Wenn du es willst, kannst du es. Mach es nicht so kompliziert. Sei einfach. Sie ist einfach zu verstehen. Das ist es. Mach alles einfach. Schreibe etwas Einfaches. Die einfachste, unwichtigste Geschichte, die dir einfällt. Um Himmels willen, fällt dir nichts ein, das nicht wichtig ist, überhaupt nicht wichtig, kein bisschen wichtig? Nichts? Bist du so gut, du eingebildeter Idiot? Glaubst du wirklich, du bist so gut? Dass du nichts tun kannst, wenn es nicht groß, tiefgründig und wichtig ist? *Musst* du immer gleich die Welt retten? *Musst* du gleich Jeanne d'Arc sein?

Mach dir nichts vor, sagte er sich. Du kannst es. Du bist nicht besser als alle anderen. Er kicherte. Was für ein Schuft du bist. Alle sagen sich, dass sie nicht schlechter sind als alle anderen, wenn sie Mut brauchen. Du sagst dir selbst, dass du nicht besser bist. Ich wüsste wirklich gerne, woher du diese entsetzliche Einbildung hast. Mehr ist es nicht. Kein großes Talent, kein geistreicher Verstand, nur Einbildung. Du bist kein edler Märtyrer deiner Kunst. Du bist ein aufgeblasener Egoist und bekommst, was du verdient hast.

Du bist also gut? Warum glaubst du, dass du gut bist? Welches Recht hast du dazu, das zu hassen, was du gleich tun wirst? Du hast seit Monaten nichts geschrieben. Du konntest nicht. Du kannst nicht mehr schreiben. Nie mehr. Und wenn du nicht das schreiben kannst, was du willst – wieso verachtest du dann das, was die Leute von dir geschrieben sehen wollen? Zu mehr taugst du sowieso nicht, nicht für große Dramen mit ewigen Botschaften, und du solltest froh darüber sein, nicht hier herumsitzen wie einer in der Todeszelle, der darauf wartet, dass man ihn für die Titelseiten fotografiert.

Schon besser. Ich glaube, jetzt bist du in der richtigen Stimmung. Jetzt kannst du anfangen.

Wie fängt man also so etwas an? ... Mal sehen ... Es muss eine einfache, menschliche Geschichte werden. Versuche, an etwas Menschliches zu denken ... Wie kriegt man den Kopf ans Arbeiten? Wie erfindet man eine Geschichte? Wie kann man nur

Schriftsteller werden? Los, du hast schon mal geschrieben. Wie hast du damals angefangen? Nein, nicht daran denken. Nicht daran. Sonst ist alles wieder weg, oder schlimmer. Stell dir vor, du hättest noch nie geschrieben. Es ist ein neuer Anfang. Du schlägst ein neues Kapitel auf. Da! Das war gut. Wenn du in solch lausigen Plattitüden denken kannst, dann schaffst du es. Es klappt ja langsam …

Denk an etwas Menschliches … Los jetzt, denk nach … Vielleicht so: Denke an das Wort „menschlich“, an was es bedeutet – dann wird dir etwas einfallen … Menschlich … Was ist das Menschlichste, das es gibt? Welche Eigenschaft haben denn alle Menschen, die du kennst, welche herausragende Eigenschaft? Ihre Antriebskraft? Angst. Nicht Angst vor jemandem im Speziellen, nur Angst. Nur eine starke, blinde Kraft ohne Ziel. Heimtückische Angst. Die bewirkt, dass sie dich leiden sehen wollen. Weil sie wissen, dass sie selbst leiden werden, und das macht es für sie leichter – zu wissen, dass es dir auch so geht. Die bewirkt, dass sie dich klein und albern und besudelt sehen wollen. Kleine Leute haben nichts zu befürchten. Es ist nicht wirklich Angst, sondern mehr. Wie Mr. Crawford zum Beispiel, der Anwalt, der sich freut, wenn sein Klient einen Prozess verliert. Er freut sich, selbst wenn er dabei Geld verliert; selbst wenn es seinem Ruf schadet. Herrje, was für eine tolle Geschichte in Mr. Crawford steckt! Wenn du einfach aufschreiben könntest, wie er ist und es erklären könntest und …

Klar, sagte er sich. In drei Bänden, die keiner je herausbringen wird, weil sie sagen würden, dass es nicht stimmt und ich die Menschheit hasse. Hör auf. Hör sofort damit auf. Das ist nicht das, was sie meinen, wenn sie sagen, eine Geschichte sei menschlich. Aber es ist menschlich. Aber das meinen sie nicht. Was meinen sie denn? Keine Ahnung. Doch. Du weißt es. Du weißt es sehr gut – ohne es zu wissen. Hör auf damit! ...

Warum willst du immer alles wissen? Das ist dein erster Fehler – genau das. Mach es, ohne nachzudenken. Es darf nichts bedeuten. Es muss so geschrieben sein, als ob du nie versucht hättest, ihm irgendeine Bedeutung zu verleihen, noch nie im Leben. Es muss so klingen, als seiest du so eine Person. Warum verachtet man Menschen, die nach Bedeutung suchen? Was ist der wahre Grund, warum …

HÖR AUF DAMIT! ...

Na gut. Versuchen wir es mal mit einem ganz anderen Ansatz. Fang nicht so abstrakt an. Fang mit etwas Bestimmtem an. Irgendetwas. Denk an etwas Einfaches, Offensichtliches und Schlechtes. So schlecht, dass es dir nichts ausmachen wird, so oder so. Nimm das erste, das dir einfällt.

Zum Beispiel eine Geschichte über einen alten Millionär, der ein armes junges Arbeitermädchen verführen will. Das ist gut. Das ist sehr gut. Weiter jetzt. Schnell. Nicht nachdenken. Weitermachen.

Der Mann ist ungefähr 50. Er hat ein Vermögen gemacht, skrupellos, weil er kein Mitleid kennt. Sie ist 21 und sehr schön, und sehr süß, und sie arbeitet im Ramschladen. Und ihm gehört er. Genauso – er ist ein fetter Tycoon, der eine ganze Ramschladenkette besitzt. Das ist gut.

Eines Tages kommt er in diesen Laden und er sieht dieses Mädchen und verliebt sich in sie. Warum sollte er sich in sie verlieben? Weil er einsam ist. Er ist schrecklich einsam. Er hat nicht einen Freund auf der Welt. Keiner mag ihn. Niemand mag einen Mann, der erfolgreich ist. Er ist auch rücksichtslos. Niemand ist erfolgreich, wenn er nicht an seinem Ziel festhält und alles andere links liegen lässt. Wenn du unbedingt ein Ziel erreichen willst, nennt man dich rücksichtslos. Und wenn du härter arbeitest als alle anderen, wenn du schuftest wie ein Ochse und andere faulenzen und du besser bist als sie – dann nennt man dich skrupellos. Das ist auch menschlich.

Wenn man nur Geld machen will, arbeitet man nicht so. Dahinter steckt etwas anderes. Eine große Energie, die dich antreibt – eine kreative Energie? – nein, es ist das Prinzip des Schaffens selbst. Das, woraus alles in der Welt stammt. Alles, was wir haben. Es kommt aus solchen Menschen. Als er mit der Werft angefangen hat – nein, er ist ja Ramschladen-Tycoon – nein, ist er nicht, vergiss den Ramschladen! – als er mit der Werft angefangen hat, mit der er sein Vermögen gemacht hat, gab es da nichts außer ein paar Hütten und Muscheln. Er hat die Stadt geschaffen, den Hafen, die Jobs für hunderte Menschen, die noch immer nach Muscheln buddeln würden, wenn er nicht gewesen wäre. Und jetzt hassen sie ihn. Das hat er seit langem so hingenommen. Und er macht sich nichts daraus. Er versteht es bloß nicht. Jetzt ist er 50, und die Umstände haben ihn in Pension gezwungen. Er hat Millionen – und er ist der elendste Mensch auf Erden. Weil er arbeiten will – nicht um Geld zu machen, einfach nur arbeiten, einfach kämpfen und Risiken eingehen – weil man diese Energie nicht ruhigstellen kann.

Als er dann das Mädchen trifft – welches Mädchen? – ach ja, die aus dem Ramschladen … Ach, vergiss sie! Wofür brauchen wir die? Er ist schon lange verheiratet – und darum geht's in der Geschichte gar nicht. Er trifft einen armen, hart arbeitenden jungen Mann. Und er beneidet diesen Jungen – weil sein Kampf noch vor ihm liegt. Aber dieser Junge – und *darum* geht es – will überhaupt nicht kämpfen. Er ist ein netter, fähiger Kerl, aber er hat kein echtes Verlangen nach irgendwas. Er war in mehreren Jobs ganz gut, aber er hat überall aufgehört. Er hat keine Leidenschaft, kein Ziel. Er will vor allem Sicherheit. Ihm ist egal, was er macht oder wie oder wer ihm sagt, was er tun soll. Er hat nie etwas geschaffen. Er hat der Welt nichts gegeben und wird es auch nie tun. Und alle mögen ihn. Und alle finden ihn sympathisch. Und da sind sie – die zwei Männer. Wer hat Recht? Wer ist gut? Wer hat die Wahrheit? Was passiert, wenn das Leben sie miteinander konfrontiert?

Oh, was für eine Geschichte! Siehst du nicht? Es geht nicht nur um diese beiden. Es geht um viel, viel mehr. Das ist heute die Tragödie der ganzen Welt. Das ist unser größtes Problem. Das ist die wichtigste …

Oh Gott!

Glaubst du, das klappt? Glaubst du, dass du damit durchkommst, wenn du es sehr schlau anstellst, wenn du es so versteckst, dass sie denken, es ist nur eine Geschichte über einen alten Mann, nichts Ernstes, ist mir egal, wenn sie es nicht sehen, ich hoffe, sie sehen es nicht, sollen sie doch denken, dass sie Müll lesen, wenn sie es mich nur schreiben lassen. Ich muss es ja nicht betonen, ich muss es ja nicht übertreiben, das Gute, ich kann es verstecken, ich kann mich dafür entschuldigen mit viel menschlichem Zeug über Boote und Frauen und Schwimmbecken. Das merken die nicht. Sie werden mich in Ruhe lassen.

Nein, sagte er, werden sie nicht. Mach dir nichts vor. Sie sind darin so gut wie du. Sie kennen sich mit ihren Geschichten aus wie du mit deinen. Vielleicht können sie es nicht erklären, was es ist oder wo, aber sie wissen es. Sie wissen immer, was zu ihnen gehört und was nicht. Außerdem ist es eine kontroverse Frage. Die Linken werden es nicht mögen. Viele Leute wirst du gegen dich aufbringen. Was willst du mit einer kontroversen Frage in einer populären Zeitschrift?

Nein, zurück zum Anfang, er ist ein Ramschladen-Tycoon … Nein. Ich kann nicht. Ich muss diese Geschichte schreiben. Ich kann sie nicht einfach verschwenden. Ich werde sie schreiben. Aber nicht jetzt. Ich werde sie nach dieser einen kommerziellen Geschichte schreiben. Gleich als erstes, nachdem ich das Geld habe. Darauf lohnt es sich zu warten.

Fang noch mal von vorne an. Mit etwas anderem. Los, so schlimm ist es doch nicht, oder? War doch gar nicht so schwer. Kam doch wie von selbst. Fang mit etwas anderem an.

Such dir einen interessanten Anfang, irgendetwas Gutes und Verblüffendes, selbst wenn du nicht weißt, worum es überhaupt geht und wo es hinführt. Stell dir vor, du fängst mit einem jungen Mädchen an, das irgendwo auf einem Häuserdach wohnt, in einem dieser Lagerräume über einem Loft, und sie sitzt da auf dem Dach, ganz allein, es ist ein schöner Sommerabend und plötzlich hört man einen Schuss und ein Fenster im Haus nebenan zersplittert, überall fliegt Glas herum und ein Mann springt aus dem Fenster auf ihr Dach.

Ja! Damit kann man nichts falsch machen. Das ist so schlecht, das muss einfach gut sein.

Tja … Warum sollte das Mädchen da oben wohnen? Weil es billig ist. Nein, im YWCA wäre es noch billiger. Oder eine

Wohngemeinschaft mit einer Freundin. So etwas würde sie machen. Nein, nicht dieses Mädchen. Sie kommt mit anderen Leuten nicht klar. Sie weiß nicht, warum. Sie kommt nicht klar mit ihnen. Also ist sie lieber allein. Sie war ihr ganzes Leben sehr einsam. Sie arbeitet in einem riesigen, geschäftigen, lauten und dummen Büro. Sie mag es auf dem Dach, und wenn sie nachts da oben alleine ist, hat sie die ganze Stadt für sich allein und sie sieht sie nicht, wie sie ist, sondern wie sie hätte sein können. Wie sie hätte sein sollen. Das ist ihr Problem, sie will immer alles, wie es sein sollte, aber nie ist. Sie blickt auf die Stadt und sie denkt, was in den Wohnungen vor sich geht, kleine Lichtinseln im Himmel, und sie denkt an große, geheimnisvolle, atemberaubende Dinge, nicht an Cocktail-Partys und Betrunkene im Badezimmer und ausgehaltene Frauen mit Hunden.

Und das Haus nebenan ist ein schickes Hotel, und das eine große Fenster zeigt direkt auf ihr Dach, und das Fenster ist aus Milchglas, weil die Aussicht so hässlich ist. Sie kann nichts dadurch sehen – nur die Silhouetten der Menschen im Gegenlicht. Nur die Schatten. Und sie sieht diesen einen Mann dort, er ist groß und schlank und er hält seine Schultern so, als gäbe er der ganzen Welt Befehle. Und er bewegt sich, als wäre das für ihn ein Leichtes. Und sie verliebt sich in ihn. In seinen Schatten. Sie hat ihn noch nie gesehen und sie will es auch nicht. Sie weiß nichts über ihn und versucht auch nicht, etwas herauszufinden. Ist ihr egal. Es geht nicht darum, was er ist. Es geht darum, was sie in ihm sieht. Es ist eine Liebe ohne Zukunft und ohne Hoffnung, eine Liebe, die groß genug ist, Glück allein in ihrer eigenen Größe zu finden, unwirklich, unaussprechlich, anspruchslos – und wirklicher als alles um sie herum. Und …

Henry Dorn saß an seinem Schreibtisch und sah das, was man nicht sehen kann, außer wenn man nicht weiß, dass man es sieht, sah seine eigenen Gedanken klarer als alles andere um sich herum, sah sie, ohne sie voranzutreiben, sondern als unbeteiligter Beobachter ohne Kontrolle über sie, jeder Gedanke ein Wendepunkt und großes Erstaunen hinter jedem Wendepunkt, ohne etwas zu schaffen, wurde einfach mitgerissen, hilflos und widerstandslos, durch Minuten eines Gefühls der Entlohnung für all die Todesqualen, die er je zu ertragen haben würde, ein Gefühl, das nur solange anhält, wie du es nicht wahrnimmst …

Und dann, an diesem Abend, sitzt sie da auf dem Dach, und man hört einen Schuss, und das Fenster zersplittert und der Mann springt auf ihr Dach. Sie sieht ihn zum ersten Mal – und ein Wunder passiert: Zum ersten Mal in ihrem Leben ist er genau so, wie sie ihn haben wollte, er sieht aus, wie sie wollte. Aber er hat einen Mord begangen. Wahrscheinlich muss es irgendein Mord sein, der zu rechtfertigen ist … Nein! Nein! Nein! Im Gegenteil. Wir wissen gar nicht, um was es geht – und sie auch nicht. Aber hier ist der Traum, das Unmögliche, das Ideal – gegen die Gesetze der gesamten Welt. Ihre eigene Wahrheit – gegen die gesamte Menschheit. Sie muss …

Hör auf! Hör auf! Hör auf!

Und …?

Reiß dich zusammen, Mann. Reiß dich zusammen …

Und? Für wen schreibst du diese Geschichte? Für *Frau und Heim*?

Nein, du bist nicht müde, Dir geht's gut. Alles klar. Du wirst diese Geschichte später schreiben. Nachdem du Geld hast. Alles klar. Keiner nimmt sie dir weg. Ganz ruhig. Zähl bis zehn.

Nein! Ich sage dir, du *kannst* es. Du kannst es. Du hast es bloß noch nicht genug versucht. Du hast dich mitreißen lassen. Du fängst an zu denken. Kannst du nicht denken, ohne nachzudenken?

Hör zu, kannst du nicht verstehen, dass man es auch anders machen kann? Denke nichts Fantastisches, nichts Ungewöhnliches, nicht an das Gegenteil dessen, was alle von dir wollen, sondern das Offensichtliche, das Einfache. Einfach – für wen? Los jetzt. Es ist Folgendes: Du fragst dich „Was wäre, wenn …?“ Damit fängt der ganze Ärger an. „Was wäre, wenn es überhaupt nicht so ist, wie es aussieht … Wäre es nicht interessant, wenn …“ Das machst du, und das darfst du nicht. Du darfst nicht daran denken, was interessant wäre. Aber was soll ich machen, wenn es nicht interessant ist? Ist es aber – für die. Für die schon – weil es für dich nicht interessant ist. Das ist das ganze Geheimnis. Aber woher weiß ich dann, was, wo oder warum?

Hör zu, kannst du nicht kurz aufhören? Kannst du nicht kurz dein Gehirn abstellen? Kann es nicht arbeiten, ohne zu arbeiten? Kannst du nicht dumm sein? Kannst du nicht bewusst, absichtlich und kaltblütig dumm sein? Geht das nicht irgendwie? Jeder ist bei irgendwas dumm, selbst die Besten und Schlauesten. Jeder ist auf einem Auge blind, sagen sie. Kannst du das nicht sein?

Lieber Gott, lass mich dumm sein! Lass mich verlogen sein! Lass mich verachtenswert sein! Nur einmal. Es geht nicht anders.

Verstehst du denn nicht? Man muss nur eine Sache umdrehen. Dreh nur eine Sache um: Statt zu glauben, dass man intelligent, anders, ehrlich und anspruchsvoll sein muss, dass man nach bestem Vermögen das Bestmögliche versuchen muss und dann noch ein bisschen mehr – glaub einfach, dass man langweilig, abgestanden, süß, unehrlich und vorsichtig sein muss. Mehr nicht. Machen die Anderen das so? Nein, glaube ich nicht. Sie wären nach sechs Monaten im Irrenhaus. Wie dann? Weiß ich nicht. So geht das nicht – aber so kommt es am Ende heraus. Vielleicht wenn man uns von Anfang an sagt, dass wir es umdrehen müssen … So ist es aber nicht. Aber einige durchschauen es früh – und dann ist alles klar. Aber warum sollten wir so sein? Warum sollten wir …

Hör auf. Du sollst keine Weltprobleme lösen. Du sollst eine kommerzielle Geschichte schreiben.

Gut. Schnell und gut. Reiß dich zusammen, und wehe, du magst die Geschichte. Vor allem darfst du sie nicht mögen.

Wir machen einen Krimi. Einen Krimi mit ernster Aussage gibt es nicht. Los, schnell und einfach.

Es muss in einem Krimi zwei Schurken geben: das Opfer und den Mörder, dann tut einem keiner leid. So wird das immer gemacht. Gut, bei dem Opfer gibt es einen gewissen Spielraum, aber der Mörder muss ein Schurke sein … Er braucht aber ein Motiv. Und das muss verachtenswert sein … Schauen wir mal … Ich hab's: Der Mörder ist ein Erpresser, der viele Leute in seinen Händen hält, und das Opfer ist der Mann, der ihm die Suppe versalzen will, also tötet der Erpresser den Mann. Das ist das schlimmste Motiv, das man sich vorstellen kann. Dafür gibt es keine Entschuldigung … Oder doch? Was wäre, wenn … Wäre es nicht interessant, wenn man beweisen könnte, dass der Mörder im Recht war?

Was wäre, wenn alle Erpressten echte Schweine wären? Die alle Entsetzliches anstellen, aber immer gerade noch so im gesetzlichen Bereich, sodass man sich nicht gegen sie wehren kann. Und dieser Mann wird absichtlich zu einem rächenden Erpresser. Er findet etwas über all diese Leute heraus und zwingt sie, alles wieder gutzumachen. Viele Leute machen Karriere, indem sie herausfinden, wer irgendwo eine Leiche im Keller hat. Und dieser Mann sucht solche „Leichen", aber er verwendet sie nicht zu persönlichem Vorteil, sondern zur Wiedergutmachung des angerichteten Schadens. Er erwischt sie auf die einzig mögliche Art und Weise. Einer zum Beispiel ist ein korrupter Politiker und der Held – nein, der Mörder – nein, *der Held* kommt ihm auf die Schliche und zwingt ihn, bei einer Sache für das Richtige zu stimmen. Ein anderer ist ein großer Fisch in Hollywood, der viele Leute ruiniert hat – und der Held zwingt ihn, einer talentierten Schauspielerin eine Chance zu geben, ohne dass sie seine Geliebte werden muss. Ein anderer ist ein betrügerischer Geschäftsmann – und der Held zwingt ihn, ehrlich zu werden. Und der Schlimmste in dem ganzen Haufen – wer ist der Schlimmste von allen? Ein heuchlerischer Reformer, glaube ich – nein, das ist mir zu heiß, zu kontrovers – ach zum Teufel damit! – als dieser Reformer den Helden in die Falle lockt und ihn anzeigen will, tötet der Held ihn. Warum auch nicht? Und das Interessante an der Geschichte ist, dass all diese Leute so dargestellt werden, wie sie im wahren Leben aussehen. Nette Leute, Säulen der Gesellschaft, beliebt, bewundert und geachtet. Und der Held ist nur ein harter, einsamer Gesetzloser.

Oh, was für eine Geschichte! Beweise sie! Beweise, wie einige unserer Prominenten wirklich sind! Reiß der Gesellschaft die Beine weg! Keine Gnade! Beweise, dass der einsame Wolf nicht immer ein Wolf ist! Beweise Ehrlichkeit und Mut und Kraft und Hingabe! Beweise es durch einen Erpresser und Mörder! Schreibe eine Geschichte mit einem Mörder als Held, der damit durchkommt! Eine tolle Geschichte! Eine wichtige Geschichte, die …

Henry Dorn saß sehr ruhig mit im Schoß gefalteten Händen vornübergebeugt da, sah nichts und dachte nichts.

Dann schob er das leere Blatt Papier von sich und griff nach der Zeitung mit den Stellenanzeigen.

Stichwortverzeichnis